対距離課金による
道路整備

根本敏則・味水佑毅

【編著】

日本交通政策研究会
研究双書
24

勁草書房

はじめに：対距離課金の政治経済学

19世紀初頭，イギリスには約1,000の有料道路があった。交通量，特に都市間交通量が増加する中で，道路利用者に道路改修費用を負担させようということで普及した。地域住民は1回ごとではなく，年間定額料金を支払うことが多かったようである。1回ごとに料金を支払う域外の道路利用者の負担が相対的に重かったと思われる。

しかし，19世紀末に運河と鉄道がほぼ同時に導入され，都市間交通がそれら費用の安い手段に移ったため，有料道路は事業として成り立たなくなり，次々と解散することになった。それ以来，イギリスでは税によって道路を整備してきている。

21世紀に入ってから，欧州のアルプス以北の国々で大型車対距離課金，すなわち「大型車に走行距離に応じて道路の料金（distance-based charges）を支払わせる仕組み」が導入され始めている。この間，どのような状況の変化があったのであろうか。

まず，前提として理解しておきたいのは，欧州の南に位置するフランス，イタリア，スペインなどは，アクセスコントロールされた（沿道や細街路から出入りが制限された）高速道路を持っており，わが国と同じように料金所で走行距離に応じた料金を徴収している。ところが，デンマーク，ドイツ，チェコ，スイス，オーストリアなどでは，走行距離には関係しない年間定額料金の道路利用証（ヴィニエット）が用いられていた。走行距離の短い利用者もいるので，定額料金は安くならざるをえない。

ところが欧州が拡大する中で，GDPの成長率以上に物流交通量，特にトラックによる国際物流量が増加したのである。欧州の中央に位置するドイツ，スイスなどでは外国籍のトラックの割合が増えている。たとえば，スイスでは国内トラック台数の20％弱に相当する台数の外国籍トラックが，毎日入国，出国している。

国際輸送をするトラックは料金の高い高速道路を避けて走ろうとする。ライン川の東のドイツの高速道路は定額で安く，西のフランスの高速道路が対距離で高いなら，トラックはドイツの高速道路へシフトする。ドイツの高速道路は主として税金で賄うため，燃料をドイツで買わない限り外国籍のトラックはほとんど負担せずに利用できる。ドイツとしては外国籍のトラックからも料金を取りたいが，いまさら高速道路の料金所を新設し，アクセスコントロールできるように改造するのは難しい。

　この状況を変えたのが，GPSをはじめとする情報通信技術の発展である。料金所を設けることなく，走行距離に応じて料金を徴収できるようになったのである。2001年のスイスを皮切りに，2004年オーストリア，2005年ドイツで，定額利用証が廃止され大型車対距離課金が導入されている。スウェーデン，イギリス，オランダでも，その導入が検討されている。

　「隣の国が対距離なら，わが国でも対距離課金にせざるをえない」との心理が働くのは事実だが，対距離課金は決して「悪貨」ではない。欧州委員会のお墨付きを得た「良貨」である。環境にやさしい交通システムの実現を目指すためには，できるだけ課金額を交通に伴う社会的費用（インフラ費用，環境費用など）に近づけることが重要である。その点で，定額制より対距離課金のほうが優れている。さらに，欧州委員会は都市内—都市間，ピーク時—オフピーク時で課金額を変える施策の効果，実現可能性を検討している。

　欧州委員会には，なかなか整備の進まない汎欧州交通ネットワークの財源を生み出したいとの思惑もある。EUの補助予算が限られていることから，大型車対距離課金の一部を汎欧州交通ネットワーク投資用の特定財源にすることを正式に提案している。

　わが国では戦後，特定財源制度，有料道路制度を活用して道路整備を続けてきている。優れた制度であったが，50年以上経過し，制度疲労を起こし始めている。整備しても交通量が少ない有料道路がある一方で，整備効果の高いと思われる首都圏の環状道路などの建設は遅れがちである。受益者負担の原則に立ち返り，時代のニーズにあわせ制度を改革する必要があるのではないだろうか。

　その際，本書が着目したのが対距離課金制度，しかも次世代型の場所，時間

で対距離料金水準を変えられる対距離課金である。本書では対距離課金の意義を理論的に明らかにするとともに，具体的なシミュレーション分析を通じて対距離課金が短期的な交通需要管理，長期的な道路整備に寄与できることを示したい。

本書では交通機能が重要な幹線道路の計画方法，整備方法を検討する。幹線道路以外の住宅地の区画道路などでは空間機能（通風，採光など）の要素も無視できず，沿道土地所有者の負担も考慮する必要があるため，本書の対象とはしない。

幹線道路にも4車線以上あるいはアクセスコントロールされた道路など規格の高い幹線道路（混雑を想定する幹線道路）と最低限の2車線の幹線道路（混雑していない幹線道路）があるが，対距離課金は前者の規格の高い幹線道路に対し特に有効である。当該道路利用者に混雑費用などに応じた負担を求めることにより，需要が抑制され，しかも道路拡幅の財源が調達できる。混雑が想定されている規格の高い幹線道路に関しては，もし交通需要が減った場合，限界費用として維持管理費だけを回収することになる。更新の費用は捻出できないが，将来的に需要が少なくなる道路は更新を断念する（2車線の幹線道路へ格下げする）場合もありうると思われる。

しかし，非混雑幹線道路であっても，ある地方自治体が地域に必要で更新すべき道路と認定したなら，その地域範囲の道路利用者がうすく負担を分かち合い，更新費を含む総費用を捻出することが考えられる。ここに道路ごとの対距離課金だけでなく，ある地域範囲で道路利用者の道路ネットワーク利用の受益と道路ネットワーク維持・更新の負担の一致を考える必要が生じる。道路ごとの対距離課金に地域ごとの対距離課金（固定費用分担金）を上乗せする必要があるのである。

このように，受益と負担を道路ごとに捉える規格の高い幹線道路と，地域の道路ネットワークごとに捉える一般の幹線道路に関し，必要な道路計画の論理を示していきたい。

本書の構成

本書は過去約5年間にわたって研究してきている道路整備の受益と負担に関

する研究，そのなかでも特に対距離課金に関する研究を取りまとめたものである。

第1部の第1章，第2章では，わが国における対距離課金による道路整備の意義を確認している。第1章は，わが国の道路整備の財源調達制度である道路特定財源制度と有料道路制度の課題を明確にし，対距離課金の意義，導入目的，最適課金水準の求め方などの理論を整理した。第2章は，対距離課金の基礎となる理論として受益者負担の考え方について概念整理をするとともに，税，課金に価格代替機能を担わせるにあたっての課題と解決策を提示した。

第2部の第3章から第5章では，わが国と米国における道路整備財源制度の実態について考察した。第3章は，車種ごとの道路整備の費用と負担の実態を明らかにするとともに，「車種ごと」の観点から現行の課税水準と費用水準の比較および道路整備財源制度の課題を導出した。第4章は，「地域ごと」の観点から都道府県ごとに大きく異なる道路整備に関する費用と負担について，整理している。続く第5章は，米国連邦道路予算における州への最低配分保証制度について紹介するとともに，受益と負担の関係を分析した。

第3部の第6章，第7章では，欧米での対距離課金の取り組みを紹介している。第6章では導入済みの対距離課金事例，対距離課金実験の目的，方法などを検討した。第7章では欧州委員会が中心になって進めている全欧州規模での対距離課金導入のための調査研究について解説している。

第4部の第8章，第9章では，実証分析を通じて，費用と負担の一致を通じたインフラ費用の回収の最適化について考察を加えている。第8章は，車種ごとの観点から，第3章で示した車種間の費用と負担の乖離の解消と社会的余剰の最大化のために求められる負担水準を導出している。第9章は，地域ごとの観点から，費用と負担の一致を前提としたときに社会的余剰を最大化させる設定規模および内部補助の水準について考察を加えている。

第5部の第10章，第11章では，対距離課金の導入によって適切な交通需要管理，需要に合わせた道路の更新が行いうることをシミュレーション分析によって確認している。第10章は一対の起終点間にバイパス，一般国道，抜け道の3本の道路が連絡する架空の地区を想定し，交通事故の外部不経済を含む道路別の限界費用対距離課金により，社会的余剰の大きな交通配分が達成できること

はじめに：対距離課金の政治経済学

本書の構成

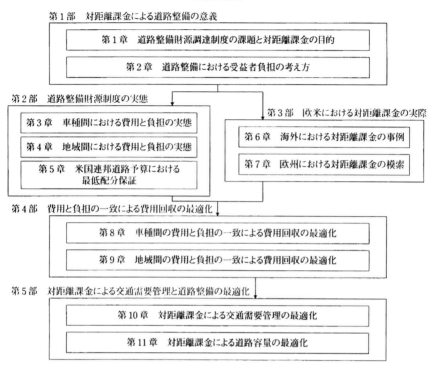

を示す．第11章はバイパスと都市内道路からの限界費用課金収入により，それら2本の道路容量を増加（減少）させ，利用者の支払い意思額が道路の維持管理，更新費用と一致する点に収束する道路計画論が成立することを示す．

　最後に，研究上の援助をいただき，本書の出版を助成いただいた日本交通政策研究会にお礼を申し上げたい．また，本書には分担執筆者でもある公共計画研究所の今西芳一氏，梶原啓氏と行った共同研究の成果が反映されており，共同で執筆した論文も数多く引用させていただいた．対距離課金のシミュレーション分析を進めるにあたっては，東京女子大学の竹内健蔵教授をはじめとする新道路技術研究会（国土交通省から一橋大学への委託研究で設置した研究会）のメンバーとのディスカッションが役立った．塚田幸広前道路研究室長，奥谷正現道路研究室長をはじめとする国土交通省国土技術政策総合研究所の関係者にも，

この場を借りて謝意を表したい。また，本書の内容について，学内の研究会，ゼミで一橋大学の杉山武彦教授，山内弘隆教授に研究上の助言をいただいた。出版にあたっては，勁草書房の宮本詳三氏には，我々の執筆が遅れご迷惑をかけたにもにもかかわらず，編集上のさまざまな助言をいただいた。記して感謝の意を表したい。

2008年5月

編者　根本敏則・味水佑毅

目　次

はじめに：対距離課金の政治経済学

第1部　対距離課金による道路整備の意義

第1章　道路整備財源調達制度の課題と対距離課金の目的… 根本敏則……3
1.1　はじめに　3
1.2　道路整備財源調達制度の課題　3
　1.2.1　有料道路の新設，既存有料道路料金の値下げ　4
　1.2.2　道路特定財源の一般財源化　6
　1.2.3　国と地方の役割分担　8
　1.2.4　燃料税から対距離課金へ　10
1.3　対距離課金の2つの目的：
　　　「交通需要管理」と「需要に見合った道路整備」　12
　1.3.1　道路費用，道路費用関数　13
　1.3.2　課金目的と課金理論　17
　1.3.3　対距離課金による交通需要管理　21
　1.3.4　対距離課金による道路インフラ最適水準の達成　22
1.4　まとめ　25

第2章　道路整備における受益者負担の考え方　…味水佑毅・根本敏則……27
2.1　はじめに　27
2.2　特定財源制度と一般財源制度の比較　28
2.3　公共財としての道路と「ただ乗り問題」　31
2.4　受益者負担の考え方　35
　2.4.1　道路行政における受益者負担　35

2.4.2 法制度における受益者負担　36

2.4.3 受益者負担の定義分類　37

2.4.4 財政学における「応益原則」と受益者負担　38

2.4.5 道路整備における受益者負担の明確化　41

2.5 価格代替機能の適用に関する課題と解決策　49

2.5.1 「受益」および「受益者」の特定の困難性　49

2.5.2 受益の量的測定の困難性　51

2.5.3 所得再分配機能との両立の困難性　52

2.6 ま と め　53

第2部　道路整備財源制度の実態

第3章　車種間における費用と負担の実態 ························味水佑毅······57

3.1 はじめに　57

3.2 道路整備における費用の概念　58

3.3 計量経済学的手法　59

3.3.1 計量経済学的手法の既存研究　59

3.3.2 道路整備における車種ごとの費用責任額の推定　60

3.4 コスト・アロケーション・スタディ的手法　64

3.4.1 コスト・アロケーション・スタディ的手法の既存研究　64

3.4.2 道路整備における車種ごとの費用責任額の推定　65

3.5 ま と め　72

第4章　地域間における費用と負担の実態 ························味水佑毅······74

4.1 はじめに　74

4.2 費用と負担の推定に関する前提条件　74

4.2.1 分析対象　74

4.2.2 分析対象としての費用と負担　75

4.2.3 走行台キロ　81

4.3 費用と負担の現状に関する推定結果　82

4.3.1　推定結果の分析枠組み　82

　4.3.2　推定結果の概要　83

　4.3.3　推定結果の評価　83

4.4　ま　と　め　88

第5章　米国連邦道路予算における最低配分保証
　……………………………………………根本敏則・今西芳一……89

5.1　はじめに　89

5.2　最低配分保証措置の仕組み　91

　5.2.1　連邦道路信託基金（Highway Trust Fund）　91

　5.2.2　連邦道路予算の執行プロセス　91

　5.2.3　連邦道路予算の各州への配分と最低配分保証措置　92

　5.2.4　予算の流用　96

5.3　道路投資額の地域配分モデル　96

　5.3.1　投資需要モデルとは　96

　5.3.2　道路投資の必要量からみた投資額の地域配分の特性分析　98

　5.3.3　配分額と負担額の比率と各州の自主財源の関係の分析　99

5.4　ま　と　め　101

　5.4.1　配分推移モデルの適合性　101

　5.4.2　投資需要モデルの適合性　101

　5.4.3　受益と負担の調整方法　101

第3部　欧米における対距離課金の実際

第6章　海外における対距離課金の事例
　………………………………… 梶原　啓・今西芳一・根本敏則……105

6.1　はじめに　105

6.2　欧州における固定料金から対距離課金への流れ　106

　6.2.1　有料高速道路制度の導入国　106

　6.2.2　固定料金高速道路制度の導入国　107

6.2.3 欧州における大型車対距離課金制度　108

6.2.4 スイス大型車対距離課金制度　109

6.2.5 全国課金の検討　114

6.2.6 ロンドンにおける混雑課金　115

6.2.7 ストックホルムにおける混雑課金　117

6.3 アメリカにおけるバリュープライシング社会実験事業　121

6.3.1 バリュープライシング社会実験事業の概要　121

6.3.2 シアトル都市圏のGPS対距離課金社会実験事業　123

6.3.3 オレゴン州のGPS対距離課金社会実験事業　127

6.4 まとめ　132

第7章　欧州における対距離課金の模索　…………　根本敏則・梶原　啓……134

7.1 はじめに　134

7.2 欧州における対距離課金制度の法的根拠　134

7.2.1 1993年欧州理事会指令までの経緯　134

7.2.2 1995年欧州委員会緑書と1998年欧州委員会白書　135

7.2.3 1999年欧州理事会指令　136

7.2.4 2001年交通白書　137

7.2.5 2006年交通白書中間レビュー　137

7.2.6 2006年欧州委員会（または理事会）指令　138

7.3 欧州委員会による交通外部不経済内部化調査
（IMPACTプロジェクト）　140

7.3.1 外部費用の試算　141

7.3.2 課金シナリオの検討　143

7.4 まとめ　144

第4部　費用と負担の一致による費用回収の最適化

第8章　車種間の費用と負担の一致による費用回収の最適化

　　　　………………………………………………… 味水佑毅……149

8.1　はじめに　149

8.2　問題の所在　150

　8.2.1　問題設定　150

8.3　「費用負担プール」の概念　153

　8.3.1　「費用負担プール」の必要性　153

　8.3.2　「費用と負担の一致」の捉え方　155

　8.3.3　「費用負担プール」における費用配賦方法　156

　8.3.4　仮説の導出　159

8.4　分析条件の設定　159

　8.4.1　費用負担プールの設定と費用負担プール内の費用配賦基準　159

　8.4.2　回避可能費用と共通費　159

　8.4.3　走行台キロ　160

　8.4.4　価格弾力性　160

8.5　受益者負担に基づく対距離課金の検討　163

8.6　まとめ　165

第9章　地域間の費用と負担の一致による費用回収の最適化

　　　　………………………………………………… 味水佑毅……166

9.1　はじめに　166

9.2　問題の所在　167

　9.2.1　地域ごとの費用と負担の不一致　167

　9.2.2　費用負担プールの設定規模　168

　9.2.3　費用負担プール間の内部補助率　169

　9.2.4　仮説の提示　170

9.3 分析条件の設定　172

　9.3.1 費用負担プールの設定規模　172

　9.3.2 費用負担プール内の費用配賦基準　172

　9.3.3 回避可能費用と共通費　173

　9.3.4 走行台キロ　175

　9.3.5 税額弾力性　175

9.4 費用負担プールの設定規模に基づく受益者負担の徹底の評価　181

9.5 費用負担プール間の内部補助率に基づく受益者負担の徹底の
　　評価　181

9.6 ま と め　184

第5部　対距離課金による交通需要管理と道路整備の最適化

第10章　対距離課金による交通需要管理の最適化
　　　……………………………………… 梶原　啓・今西芳一・根本敏則……187

10.1 はじめに　187

10.2 交通需要管理モデルとは　188

10.3 交通需要管理モデルの基本モデル　188

　10.3.1 均衡条件の設定　188

　10.3.2 現行交通量の再現　190

10.4 交通需要管理モデルによる課金効果の評価　193

　10.4.1 課金額の設定　193

　10.4.2 社会的限界費用課金を行った場合の効果　197

　10.4.3 社会的限界費用課金
　　　　　（混雑＋環境＋事故の感度分析（最大課金ケース））　197

10.5 交通量が多い／少ないケースの感度分析　200

10.6 ま と め　202

目　次　　　　　xiii

第11章　対距離課金による道路容量の最適化
……………………… 根本敏則・味水佑毅・今西芳一・梶原　啓……205

11.1　はじめに　205

11.2　対距離課金による道路容量の最適化問題　205

11.3　対距離課金に基づく道路容量最適化シミュレーション　207

　　11.3.1　シミュレーションの枠組み　207

　　11.3.2　シミュレーションの結果　213

　　11.3.3　感度分析　215

11.4　ま　と　め　216

参考文献 ……………………………………………………………………… 219

おわりに：対距離課金による幹線道路の計画論 ……………………… 225

索　　引 ……………………………………………………………………… 229

第1部　対距離課金による道路整備の意義

第1章 道路整備財源調達制度の課題と対距離課金の目的

1.1 はじめに

　わが国の戦後の道路整備は道路特定財源制度と有料道路制度によって行われてきた。ともに，道路利用者に道路整備の負担を求めるという意味で，「受益者負担」の財源制度である。モータリゼーションの進展により道路整備の需要は急増したが，一般財源と切り離し使途を道路に限定した財源が確保されたことにより，「道路整備─自動車交通量増─燃料税・料金収入増─道路整備」という日本経済にとっての好循環がもたらされた。

　しかし，近年では道路特定財源制度が「無駄な道路の建設の原因になっている」と批判されたり，有料道路制度が「料金が高い。事業として採算の取れない路線をこれ以上造るべきではない」と批判される場面も増えている。確かに，日本全体では人口は減少し始めており，これまでのようなペースでの道路整備は必要ではない。ただ，現在の道路ネットワークを適切に維持管理，更新していくことが重要になっており，そのためにも財源制度の見直しは不可欠である。

　本章は，前半で道路整備財源調達制度を受益者負担の立場から検討する際の論点，課題を明確にし，後半で本書が提案する対距離課金の定義，その導入目的，さらに受益者負担に基づく最適課金水準に関する検討を行う。

1.2 道路整備財源調達制度の課題

　図1-1に，わが国における道路事業の財源を示す。道路事業は大きくは一般道路事業（直轄事業，補助事業，地方単独事業など）と有料道路事業に分かれる。第一の論点として「今後とも一般道路の他に有料道路を作るべきか」を検討したい。次に，一般道路事業は国と地方が道路特定財源を活用しながら行っ

図1-1 道路事業とその財源

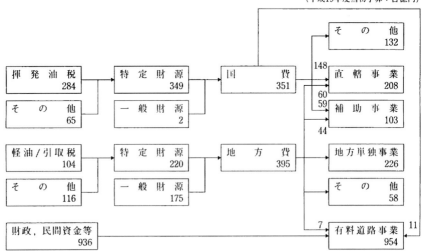

ているが,「特定財源制度を維持する必要があるか」が論点となる。関連して「国と地方の役割分担が適切か」を問うことが重要であろう。さらに,特定財源の中では燃料税の占める比率が高いが,「受益者負担の観点で燃料税が適切な税か」を論ずる必要があろう。順に検討していきたい。

1.2.1 有料道路の新設,既存有料道路料金の値下げ

有料道路に関して「料金が高い。もうこれ以上建設すべきではない」との批判がある。日本の有料道路の料金が高い理由のひとつは,建設段階で税金を投入していないことによる。しかし,この点は税が節約できるという意味から,むしろ評価すべきことである。有料道路は,戦後に税財源が不足しているなかで早く道路整備をするために導入した制度である。費用対効果が高く,かつ採算が取れる路線のみ特別に有料道路として,その整備を認めたのである。したがって採算が取れる路線が残っていないのであれば,有料道路は新たに造るべきではない。

整備費用を政府が補助し有料道路の整備を促進したり、料金を安くするのは望ましくない。税金がつぎ込まれる分だけ,一般道路を整備する財源が減る。

道路は有料化することによって料金を徴収するシステムの建設，維持費がかかり，料金抵抗により交通量も減る。これらのデメリットのため，有料道路が本来持っていた「早期に整備できるメリット」は相対的に小さくなる。

ただ，これまでたびたび指摘されているように，受益と負担の一致度を高める観点からも，高速道路を走行する車が払う燃料税は高速道路の建設，維持のために用いられるべきであろう。これは高速道路への補助金とは異なる。現在，11,500キロメートルの予定路線，9,300キロメートルの整備計画が定められ，そのうち7,500キロメートルが供用されているが（2007年度末），現在の料金水準を前提に試算すると，未供用区間すべてを建設，維持できない。そのため一部を新直轄方式に切り替え整備することになっている。しかし，年間3,000億円程度と言われている高速道路を走行する車からの特定財源収入を高速道路会計に入れると，新直轄方式での整備量は減らせるはずである。

「高速道路のこれ以上の建設は次世代への借金のツケ回しである」との主張がある。耐用年数の長い高速道路のような社会資本については次世代に負担を求めることに何ら問題はない。問われなければならないのは建設する高速道路が借金に見合った優良な資産か，否かである。この判断には費用便益分析が欠かせない。さらに本書では十分分析できなかったが，世代ごとに費用と便益を比較すれば，当該高速道路が次世代への遺産か，借金のツケ回しかが明確になる。

高速道路の建設時に補助し料金を安く設定することは問題だが，すでに供用している道路の料金の値下げには柔軟に対応すべきである。例えば本州四国連絡橋の収入は，維持管理費も出せないほど低迷している。特定財源を投入し，有利子負債の軽減を図ったところである。これは有料道路事業として採択する際に将来の交通量を過大に見積もったためである。しかし，現段階でも橋が生み出す便益は維持管理費を上回っているはずだから，さらにその便益を増やすべく料金を値下げし交通量を増加させるべきである。ある道路を有料道路として採択すべきかを議論する時に想定する料金と，事後的に道路を有効利用したり需要をマネジメントしたりする時に用いる料金は異なってかまわない。事後的には，道路が混雑していれば料金を高くすべきだし，空いていれば安くしてもかまわない[1]。

また，大型貨物車が高速道路ではなく，（特に夜間に）一般道路を走行するため沿道の環境問題を発生させているが，この問題の解決のために大型貨物車の料金値下げが有効である。例えば，一般道が空いていれば，高速道路から降りて一般道に迂回するトラックを減らすため，長距離逓減割引をさらに充実させる，夜間の一般道走行を減らすため夜間割引を導入する，環境上の問題の大きいルートにおける走行を減らすため，並行する路線間に料金格差を設ける，などが考えられる。3番目の料金政策は環境ロード・プライシングと呼ばれているが，すでに首都高速道路，阪神高速道路で実施されている。

さらに，高速料金を燃料税率と組み合わせて検討することが必要である。すなわち，大型貨物車の燃料である軽油の税率（1リットル当たり32円）をガソリン税並みに上げ，高速料金の値下げの原資とすることが考えられる（後述する対距離課金導入前の短期的施策として）。「産業政策上，トラックを優遇する必要が薄れてきている」「乗用車に比べて環境外部不経済，道路損傷費用など社会的費用が大きい」などから，軽油引取税は他の問題と切り離しても値上げすべきであろう。ただ，燃料税値上げ分だけ大型貨物車の高速料金を安くする必要がある。現在，大型貨物車は一般道を走るとき1キロメートル当たり約10円の燃料税（燃費を3km/リットルと仮定），高速道路を走るときはさらに1キロメートル当たり30円の料金を加え40円を払っている。大型貨物車に高速道路を使ってもらうためには，この差をできるだけ埋める必要がある。

1.2.2　道路特定財源の一般財源化

道路特定財源に関して，一般財源化の提案がある。その主張は以下のように要約されよう。「道路整備がある程度進み，新設道路の費用対効果は以前より下がっており，道路予算は削減可能なはずである。現在は特定財源なのでやむなく道路に使っている。税率（現在のガソリン税率は1リットル当たり53円（消費税を含めると60円程度））を下げることも考えられるが，道路利用者は税負担能力があるのだから，減税せず，一般財源化しても世論の理解は得られるだろう。欧州諸国でも燃料税は一般財源化しており，税率（付加価値税含む）もガ

---

1)　料金を安くした有料道路に関しては更新時に同じ容量を建設すべきか，議論が必要である。

ソリン 1 リットル英国124円，フランス111円と日本より高い（全国道路利用者会議（2006））。国と地方の借金の合計が 1 千兆円を超えており，増税が困難なとき，『負担できる人に負担してもらう』応能原則で，これまでとは違う論理で燃料税を徴収することになってもやむをえない。一般財源化しても，もし特定の地域について道路が必要ということであれば，道路に使うことを妨げるものではない。」

　一方，道路整備が不十分であると主張するグループからは「道路特定財源は応益原則にのっとり道路利用者に道路整備のために負担してもらっているもの。地方では歩道のない通学路なども数多く残されており，道路整備が十分とはいえない。特に，これまで需要の多いところから整備してきたため高速道路などの整備が遅れている地域があり，公平性の観点からも道路特定財源は残し道路の整備を進めるべきである。道路予算の余剰（オーバーフロー）は公共事業予算のシーリング[2]政策から帰結する，いわば『作られた』余剰なのであり，決して道路の整備が充足されたからではない（日本交通政策研究会（2006））。さらに，道路整備に使わないなら暫定的に倍に増額されている税率を下げるべきである」[3]との反論がなされてきた。

　しかし，以上の議論を「燃料税は応能原則で取るべきか，応益原則で取るべきか」をめぐってのものと捉えるなら簡単に決着がつくとは考えられない。応能論者であったとしても受益が特定しやすいサービスに関して負担を求めることには反対しないであろうし，応益論者であっても社会福祉的なサービスの対価を全面的に受益者に求めるべきとは主張しない，すなわち応能原則による税の徴収の必要性を認め，そのような趣旨での燃料税の徴収の可能性を否定しないであろう。応能原則，応益原則はどちらも課税原則として重要で，状況によって使い分けていくことが必要なのである。

---

2) シーリングとは各省庁が政策経費を財務省に要求する際の上限。

3) 2007年度末には燃料税の暫定税率の廃止が政治問題となった。一般財源化，暫定税率の廃止を同時に主張する政党も現れたが，暫定税率を廃止したら，他の用途に回せる税収が減るため一般財源化そのものの意義が失われるはずである。逆に，道路利用者から税を預かり一般財源化に反対する政党にとって，暫定税率の廃止は選択肢の一つであるべきなのに，十分な説明のないまま暫定税率の廃止は時期尚早と主張することとなった。暫定税率をめぐってねじれ現象が起きたのである。

燃料に応能原則でどの程度の税を課すべきか，を論理的に求めるのは困難である。欧州で高額の燃料税が課されても自動車分担率は下がっておらず，燃料消費の価格弾力性は低そうだが，一方で，公共交通手段が確保されていない地方では自家用車が人々の足になっており，燃料税の増税は格差の拡大につながるとの指摘もある。各地域の自動車利用者の税負担力を評価しながら，公平性の観点から望ましい応能燃料税率を求めるのは本書の範囲を超えている。本書で検討するのは，道路交通の費用と効果であり，それらの定量的なデータに基づいて，応益原則でどの程度の税を課すべきか，である。

　本書は受益者負担に基づく制度の提案を目指しており，一般的な意味で特定財源制度を支持している。同制度では，公共サービスの需要者に公共サービスの生産にかかる費用を利用料金，税という形で負担させることにより，費用以上の便益を得る人だけに公共サービスを購入してもらうことができる。需要者は負担を感じなければ，公共サービスを過剰に需要してしまう。逆に公共サービス供給者はある利用料金，税で供給したときの需要動向を見て供給量を調節することが可能になる。受益者負担にのっとった税が市場における「価格」と同じ働きを持つため，通常の財がそうであるように，公共サービスの生産費用（供給曲線）と公共サービスの便益（需要曲線）が一致するところで生産量が決まることになる。

　特定財源制度は支持しているが，現在の道路特定財源制度を必ずしも支持しているわけではない。本書の後半で見るように，われわれの定義で必ずしも受益と負担の一致度が高いとは言えないからである。また，道路の新設が重要な時代と道路の維持，更新が重要な時代では，負担者，負担額は変わってしかるべきだが，制度の手直しがなされてこなかったことも問題であろう。

1.2.3　国と地方の役割分担

　「新設道路の費用対効果は以前より下がっており，道路予算は削減可能である」という論点がある。確かに，道路ネットワークが拡大するにしたがって1キロメートルの新設道路から得られる便益が減ることは避けられない。しかし，現時点で費用に見合った効果を得られない無駄な道路が造られているのであろうか。他の社会資本と比べ費用対効果は低いのであろうか。

第1章　道路整備財源調達制度の課題と対距離課金の目的　　9

　国土交通省は2001年度より所管する20弱の公共事業の総合的評価手法の開発に取り組んでいる。どの公共事業も費用便益分析を基本にした評価手法となっている。同方法論では，異なる公共事業のプロジェクトを相互に比較することには注意を要する。したがって，単純に費用便益比の比較をするのは慎重に行わなければならないが，道路事業に費用対効果の低いプロジェクトが多いとはいえない。

　より重要な論点は，「道路特定財源の存在が無駄な道路の建設を生んでいるか，否か」であろう。道路特定財源収入は国分，地方分を合わせ6兆円弱であり，一般道路事業費（地方単独事業を含む）は年間7兆円となっている[4]。道路特定財源は余っているわけではない。足りないので一般財源が投入されているのである。

　誤解が生じやすいのは，国の予算だけに着目し議論していることに起因する。確かに国の道路予算はほとんどが道路特定財源からなっており，これまでも財務省のシーリングなどが予算のしばりとなった場合，収入が支出を上回る余剰問題を引き起こしてきているのである。「余剰」があるのだから，一般的には使い切れず余っているような誤解を生む。これが「無駄な道路の建設」を連想させることになる。そのような事態を生むのは税に占める国の取り分が大きいからである。例えば53円のガソリン税の内，国分は48円で地方分が5円となっている。国の取り分を地方に移譲すれば，国の道路予算における余剰問題は解消する。地方の道路予算に関しても一般財源からの繰り入れを減らすことができるかもしれない。

　なお，国から地方への補助金制度が受益と負担の関係をゆがめ，一部費用対効果の低い形態の道路の建設につながっていることは否定できない。同制度は効果的に事業を地方に実施させるためのものであるが，地方の計画策定能力も高まっており，メリットより過剰な整備（歩行者がほとんどいない地域での広幅員の歩道の設置など）を招くデメリットが目立つようになってきている。補助金により地方は負担少なく整備できるので，できるだけ国からの補助を受け一律の基準で必要量以上に建設することになる。しかし国全体で見れば費用（国

---

4)　平成19年度当初予算。

の補助＋地方の負担）が道路利用者の受益を上回ってしまう可能性もある。道路整備が受益者負担原則にのっとった制度であることを自負する以上，地域ごとに見た場合でも原則として受益と負担を一致させていくべきである。

アメリカでは連邦道路税（燃料税など）に関しては，各州での税収の92%相当分の配分が保証されている[5]（U.S. DOT, FHWA (2007)）。さらに，補助金の使途の転用も比較的自由である。効率的な道路の維持，更新を図っていくためには，わが国でも税収の各地域への配分保証制度の導入は検討に値すると思われる。さらに，補助金もできるだけ取りまとめ一括交付金として配分していくことが，費用対効果の高い道路整備の実現に有効である。

1.2.4 燃料税から対距離課金へ

今後の道路整備にあって受益と負担の一致度を高める必要があることを指摘してきた。道路特定財源の中では車の購入，保有に課す税（自動車税など）より，車の利用に課す税（ガソリン税など）が道路利用という受益に直結する負担であり，資源配分上望ましいといわれてきた。ただし，燃料への課税が必ずしも完璧とはいえない。ひとつの問題は燃料を購入した地域と，走行する地域が異なることによる。国，州によって燃料税の税率が大きく異なる欧州，アメリカでは，この問題は深刻である。燃料の安い国への給油目的の交通行動を誘発している。

将来的には燃料税，有料道路料金を廃止し，すべての道路で時間帯ごとにきめ細かく対距離課金を徴収することが考えられる。道路利用者の総負担が増えるわけではない。払うべき道路利用者に払ってもらうのである。というのも，走行台キロメートル当たり道路建設，維持費用は地域によって異なるし，混雑，大気汚染，騒音，交通事故などの社会的費用は時間帯によっても異なる。幸い，日本をはじめ世界各地で狭域通信（DSRC：Dedicated Short-Range Communication）や GPS を用いた課金システムが本格的に導入され始め，その標準化も進みつつある。ロンドンやストックホルムなどの大都市でもロード・プライシングが導入されている。情報通信技術の発展は明らかに「受益者負担原則の徹

---

5) わが国には各県での燃料税（国税）収入に応じて，各県への補助金を決める仕組みはない。

第 1 章　道路整備財源調達制度の課題と対距離課金の目的　　11

表 1 - 1　ガソリン税と対距離課金

	ガソリン税	対距離料金
位置づけ	税金	料金
課税・金ベース	燃料消費量	走行距離
課税・課金時	蔵出し税	走行後請求
受益と負担	自動車取得税，保有税よりは一致	一致度高く，わかりやすい
徴収費用	小	中（→小）
徴収技術	容易	可能
メリット	徴収が容易	渋滞費用・環境費用・ 事故費用等を内部化可能
デメリット， 課題	渋滞・環境・事故等への配慮が困難	既存税制との整合， プライバシーの保護

底」に有利に働いている（表 1 - 1 ）。

　燃料税は地域によって税率を変えるのは難しい。給油目的の交通を防ぐため，できるだけ広い範囲で同水準とせざるをえない。燃料税が同じなら，どの地域の道路利用者も同一の負担になるので，道路管理者としては同一サービス水準を保証することになる。卵と鶏の関係ではあるが，それが全国一律の道路網密度論，高速道路ミニマムアクセス時間などの道路計画論に結びついていくことになる。同一燃料税による道路特定財源制度は，全国にナショナルミニマムとしての道路網を建設する段階ではうまく機能してきたといえる。ある年度に受益に比べ負担の少ない地域，負担の多い地域があったとしても，ナショナルミニマムを達成する過程で一時的に生じる現象と捉えられてきた。

　しかし，道路網が完成した段階ではどの地域においても更新が重要になる。各地域での更新投資はこれまでの新設投資より平準化されるはずである。なお，道路も更新が必要な施設であることを確認しておきたい。鉄製の道路橋に有限の耐用年数があるように（100年程度），盛り土構造の道路も数十年に一度は大規模な路盤の打ち換えが必要な施設である。後述するが，平均的には40年から50年に一度更新費（新設費から用地費を除いた金額）がかかる施設と仮定してかまわないであろう。

　なお，地域の人口，交通需要が大きく増減した地域においては，更新にあわ

せ容量の拡大，縮減などの微調整が行われることが望ましい。交通需要が大きくなっている地域，すなわち人々の交通への支払い意思が大きく追加的な道路供給費用を上回る地域などでは，道路を更新するだけでなくボトルネック箇所を拡幅するなどにより道路網を充実する必要がある。逆に交通需要の少なくなった地域では一部の道路の更新を断念して，道路網を縮減することが考えられる。このためには，地域ごとに負担を変えられる仕組みが必要である。燃料税では対応が難しい。情報通信システムを利用した対距離課金に期待するゆえんである。

1.3 対距離課金の2つの目的：
「交通需要管理」と「需要に見合った道路整備」

　本書で対象にする対距離課金とは，走行距離に応じて課す道路料金のうち，ある特定の時間帯にある特定の道路を利用したときに，その走行に伴い生じる社会的費用（環境費用を含む）に応じて単位距離料金を変動させる課金の仕組みをさす。日本の高速道路もかねてより対距離課金制を導入しているが，基本的に全国均一の単位距離料金を採用している。ただ，ETC の普及とともに，環境負荷の少ないルート，通勤時間帯に混雑する一般道路の代替ルートの料金割引などの施策を導入し始めている。本書の対距離課金もそのように場所，時間帯で変動させる課金を対象としている。社会的費用を反映しにくい燃料税に代わる新しい財源調達の仕組みとして期待できるのである。

　対距離課金の目的のひとつは，混雑緩和，環境改善，交通ルートの誘導，あるいは，他のモードへのシフトなどの「交通需要管理」である。交通需要管理は与えられた道路容量（車線数など）のもとで，環境負荷を減らし効率的にその容量を使うことを目指す施策である。典型的にはロンドンで混雑緩和のために導入されたロード・プライシングがある。現在のところ，一日の走行距離に関係しない均一料金であり，対距離課金としては不完全だが，混雑時に課金することにより，交通をオフピークないし他の交通手段へ移すことが期待できる。

　さらに，対距離課金により道路整備財源の調達が可能となる。特定財源制度，有料道路制度がそうであったように，財源調達も重要な目的である。アメリカ

では車の燃費が向上したため州の燃料税収入が減っており，燃料税に代わる新しい財源調達の方法として着目されている（燃費の良い車を買うインセンティブが減るデメリットはあるが）。欧州では大型トラックに対する対距離課金収入で鉄道を整備し，貨物輸送モードの転換を促そうとしている。本書で考える対距離課金の第二の目的は「受益と負担を一致させることによって財源を確保し，交通需要に適合した過不足のない道路容量を実現する」ことである。道路整備目標ありきで必要な財源を調達するのではなく，道路利用者の支払い意思に応じて道路を整備する計画論が求められており，社会資本の更新時代に重要になると考えている。

　以降，対距離課金によって期待できる「短期的な交通需要管理」「長期的な需要に対応した道路整備水準の実現」を検討する。

1.3.1　道路費用，道路費用関数

　道路利用者に課す対距離課金はインフラ費用，環境費用などからなる道路費用に基づいて決めることになる。したがって，道路費用を定義し，道路費用関数を推定する必要がある。

　道路費用とは道路の建設，維持管理，道路の利用に伴って生じる費用で，大気汚染など環境費用を含む経済的費用である。道路費用の費用項目を考える際，まず固定費用，可変費用を区別することが必要である。固定費用は道路整備に際してかかる建設費用など，交通量に関係しない費用である。可変費用というのは道路供用後に交通量の多寡に関連してかかってくる費用である。供用後の費用でも，照明などのように交通量に関係しないものもある。なお，固定費用と可変費用の和である総費用を交通量で除した値が平均費用で，可変費用を交通量で微分した値が限界費用，すなわちその時点で交通量が1単位増えることによって追加的に生じる費用である。

　他に，費用の発生する主体，すなわち表1-2に示す「道路利用者」「道路管理者」「その他主体」の3主体に着目した分類がある。道路利用者が費用を負担して，道路管理者が道路サービスを供給するため，この2者で擬似的な市場が形成されているわけだが，その市場取引で考慮されない大気汚染などの影響がその他主体に及ぶ。道路利用者，道路管理者に生じる費用を内部費用，その

14 　第1部　対距離課金による道路整備の意義

表1-2　道路費用

		固定費用	可変費用（交通量に関連）
内部費用	道路利用者（なお，C，Dは道路管理者へ移転する道路課金）	A：車両費，車両維持費	B：時間費用，走行費用
		C：車両取得税，保有税，自動車重量税	D：ガソリン税，有料道路料金，混雑税，対距離課金
	道路管理者	E：建設費，維持費（照明等）	F：維持費（舗装，ペイント等）
外部費用	その他主体	G：景観向上，破壊，災害に備えた迂回路確保	H：混雑，大気汚染，騒音，交通事故

　他主体に生じる費用を外部費用と呼ぶ。なお，道路混雑は道路利用者に及ぶ影響であり，他の外部費用と性格が異なるが，道路利用者が意思決定の際に他者への影響を考慮しない，すなわち道路を利用するか，否かを決める際に，自分以外の道路利用者の走行時間が増加するという影響を考慮しないことから，外部費用に分類している。

　表中，CとDは道路利用者が自動車の購入，保有，利用に際して負担している税，料金である。道路利用者は自ら車両費，時間費用などを負担するほか，自動車取得税，燃料税，有料道路料金などの道路課金を負担している。それらは道路利用者に生じる費用だが，道路課金として道路管理者へ移転し道路の整備，維持管理，更新に充当される。道路管理者はそれらの課金水準，課金方法を工夫することによって，より望ましい道路整備を行うことが期待されている。（なお，自動車関係税には一般財源に組み入れられているものが含まれる。また，一般財源からも道路整備に充当されている。）

　さらに，短期的な費用，長期的な費用を区別することが必要である。短期的とは現在の道路インフラ水準を与件のものとして考えた場合の道路費用である。表1-2で固定費用と可変費用を区別したが，これは短期的な捉え方である。道路インフラ水準を変更できる長期ではすべての費用が可変費用になる。現在のインフラ水準を前提に最適化を図るときには交通量に関連する費用を最小化する必要があり，インフラ水準を最適化する場合はすべての道路費用を考慮する必要がある。

　下式は道路費用関数の例である（Small, Winston and Evans（1989））。この式

は道路費用が道路容量（車線数，あるいは幅員）と交通量の関数であることを示している。第一項は道路インフラ費用だが，そこでは Q という道路容量のときに，建設費用が $K(Q)$ とすれば，近似的には維持管理費用を含んだ道路インフラ費用も推定できる（建設コストの定数倍：$a > 1$）と仮定している。第二項は，時間費用である。$t(q, Q)$ は，Q という容量の道路を時間当たり q の車が通ったときにかかる走行時間で，その値に時間価値 h，交通量 q を掛けて時間費用を求めることができる。

$$C(q, Q) = aK(Q) + qht(q, Q)$$

q：交通量

Q：道路容量

$K(Q)$：道路容量 Q の建設コスト

$aK(Q)$：道路インフラ費用（償却費，維持管理含む）

h：時間価値

$t(q, Q)$：旅行時間関数

なお，ここで時間価値とは道路利用者の旅行時間の機会費用（旅行時間が1分短縮できたときの道路利用者の支払い意思額）である。したがって，道路利用者の所得，旅行目的（業務中，レジャーなど）によって異なると考えるべきである。しかし，データの制約もあり異なる時間価値を導入するのは難しい。日本の多くの費用便益分析マニュアルでも，労働時間価値（賃金を労働時間で割った値）で代表させている。

道路建設，道路サービスの規模の経済性について検討されてきている（Quinet (1997)）。例えば都市間道路を建設する際に規模の経済は存在するのであろうか（表1-3）。仮に，$\lambda K(Q) > K(\lambda Q)$ という関係が成り立てば，すなわち2車線の道路（Q）を2本（λ）造ったときの建設費用が，4車線の道路（λQ）を造った建設費用よりも高いことになるので，4車線の道路を造ったほうが経済的，すなわち規模の経済が建設段階にあることになる。2車線の道路に時間当たり1,000台（q）通っているときの走行時間は，4車線の道路を2,000台通っているときの走行時間より大きいかもしれない（$t(q, Q) > t(\lambda q, \lambda Q)$）。それは利用段階で規模の経済があることを示している。都市間道路は

表1-3 道路サービスの規模の経済性（仮説）

	都市間道路	都市内道路
建設段階	規模の経済 $\lambda K(Q) > K(\lambda Q)$	規模の不経済 $\lambda K(Q) < K(\lambda Q)$
利用段階	規模の経済 $t(q, Q) > t(\lambda q, \lambda Q)$	収穫一定 $t(q, Q) \approx t(\lambda q, \lambda Q)$

ある車線数までは，建設段階も利用段階も規模の経済がある可能性が高い。

都市内道路の場合は，新設に際し市街化の進んだ土地を買収しなければいけない。都市内では土地は希少な資源といってよく，道路用地をより大きく確保しようとすると他の用途と競合が生じ買収価格が上昇する。交通量の増加に伴って環境問題も悪化するかもしれない。したがって建設段階では規模の不経済が存在する可能性が高い（$\lambda K(Q) < K(\lambda Q)$）。また，利用段階でも，都市内道路の旅行時間には交差点の容量も影響するため，必ずしも車線数の増加に伴い車線当たりの捌け交通量が増える規模の経済性は認められないかもしれない。ちなみに，規模に関し収穫一定ならば，建設費用は容量に比例し（$K(Q) = aQ$），旅行時間は交通量と交通容量の比によって決まることになる（$t = t(q/Q)$）。

都市間道路に関して，2車線道路と4車線道路の費用関数を例示する（図1-2）。平均費用は前述したように固定費用と可変費用の和を交通量（道路利用者数）で割った値だが，固定費用のうち初期建設費用を交通量で割った値は，交通量が増えるにしたがって減っていく。しかし，交通量が増えるにしたがい混雑が生じるので，その影響で平均費用が上がる。すなわち下に凸の形状となる。

限界費用は，その時点で交通量が一単位増えることによって社会全体でかかる費用だが，同費用曲線は平均費用曲線の一番低い点で交差することがわかっている。規模の経済性を仮定しているので，2車線と4車線は同じような形状はしてるが，4車線のほうが右下のほうにシフトしている。

長期平均費用曲線は短期の平均費用曲線の底をつないだ包絡線である。図1-2では2車線，4車線と容量が増せば，長期平均費用が下がることが示さ

図1-2 短期と長期の道路費用

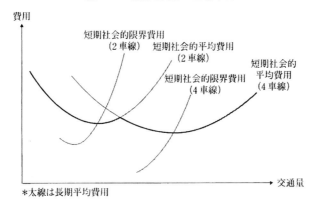

＊太線は長期平均費用

れている。なお，車線数が非連続なため，長期平均費用曲線はなめらかにつながらないことに注意が必要である。

Quinet (1997) は既存研究をレビューし「片側4車線までは規模の経済性が存在するが，それ以上では一定，ないし規模の不経済が存在するかもしれない」と，金本は「顕著な規模の経済や不経済は存在しない」と結論づけている（金本良嗣 (2000)）。これらのことから後半の実証分析においては規模に関し収穫一定を基本に（ベースケースとして）分析することとしたい。

1.3.2 課金目的と課金理論

課金を政策手段として用いようとする時，前提として現在のインフラ水準の善し悪しは問わず，その値を与件とする場合と，課金額を調整することによってインフラ水準の最適化を図ろうとする場合を区別することが必要である（表1-4）。これらは経済学での短期，長期の意思決定問題に対応しており，前者では短期費用曲線，後者では長期費用曲線を用いた最適化問題となる。

インフラ水準を与件とする課金理論から見ていく。道路課金水準に関しては，伝統的には道路サービスの生産に要した総費用，すなわち道路管理者の費用である固定費用（表1-2のE）と可変費用（同F）を税で調達することが目指されてきた。総費用は平均費用に交通量を乗じたものなので，平均費用による価格形成と呼ぶこととする。しかし，理論的には限界費用，しかも外部費用を含

表1-4　課金理論の位置づけ

管理者最適	インフラ水準与件（短期費用曲線）		インフラ水準 最適化（長期費用曲線）
	効率重視 （デマンド・マネジメント）	財源確保重視	効率重視 （ストック・マネジメント）
	短期限界費用説 e.g. 道路損傷課金	短期平均費用説 e.g. ラムゼイプライシング	
社会最適	短期社会的限界費用説 e.g. 混雑課金	短期社会的平均費用説 e.g. インターモーダル財源 プール	長期社会的限界費用説 e.g. モーリング課金

んだ社会的限界費用による価格形成が短期的な最適化，すなわち道路容量一定のもとでの最適道路利用を実現することがわかっている。なお，断らない限り，ここでの費用曲線は短期の費用曲線である。

　平均費用価格形成，限界費用価格形成を図1-3を用いて説明する。まず，各曲線の形状についてだが，前述したように建設費を含めた道路管理者の平均費用曲線（AC_{EF}）は逓減していく。外部費用を含めた平均費用曲線（AC_{EFGH}）は，交通量が道路の容量を超えると速度が低下し混雑費用がかさむため，下に凸の形状を取る。過去の外部費用計測研究から，限界費用曲線（MC_{FH}）も混雑費用が主たる要素となっている（Quinet and Vickerman (2004)）。もし当該道路の需要が D_1 なら平均費用価格形成では料金は P_1，その時の交通量は Q_1，限界費用価格形成では P_2，Q_2 となる。少ない需要 D_2 なら平均費用価格形成，限界費用価格形成の料金は P_3，P_4 となる。

　平均費用価格形成では道路管理者の収支は均衡するが，混雑や環境問題には対応できない。また，需要の少ない地域では道路料金が高くなってしまう。一方，限界費用価格形成は混雑や環境問題に起因する外部不経済を内部化させ，交通量を適正な水準に削減することができるが，混雑が生じていなければ平均費用を下回る料金しか徴収できないため資金不足に陥ってしまう。維持管理，更新の費用が捻出できないのである。道路財源不足を一般財源で補う必要が生じる。

　限界費用価格形成と平均費用価格形成の利点を併せ持つひとつの方法として

図1-3 平均費用価格形成，限界費用価格形成

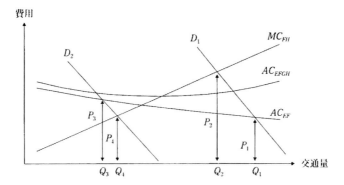

ラムゼイ価格形成が提案されている。そこでは利用者別に計測した限界費用をそれぞれに利用者に負担させた上で，固定費用を需要の料金弾力性に逆比例させ分担させる方式である。料金に敏感な道路利用者（乗用車とトラックの比較では乗用車）の負担を軽くすることによって，利用者を大きく減らすことなく，利用者の構成比率を維持することができる。ただ，代替的な交通手段を持たない利用者の料金が高くなるので現実の適用は容易ではない（山内・竹内(2002)）。このように利用者別にどのように料金を課すかも料金政策の一部となる。

表1-4により，課金理論の変遷をまとめておく。これまで道路管理者は大まかに言えば幹線道路に関しては平均費用価格形成により収支の均衡を図ってきたと考えられる。混雑していない幹線道路を含め幹線道路ネットワーク全体の総費用を道路利用者の負担でまかなってきた（短期平均費用説）。

相対的に道路新設より維持管理が重要となっている米国などでは，道路損傷の原因となっている大型トラックに多くの負担を求める課金が導入されている。そこでは大型トラックの走行による追加的な道路損傷が推計され，望ましい課金額が示された。大型トラックは限界インフラ損傷費用を十分に負担していなかったのである（短期限界費用説）。

近年になり，道路交通に伴う環境問題を解決するため，よりきめ細かい交通需要管理，すなわち混雑，環境問題が生じている道路の料金は高く，交通量が

少ない道路の料金は安くする社会的限界費用に応じて課金額を決める政策の実施が求められている（短期社会的限界費用説）。

大型トラックが環境問題，混雑問題の原因となっている道路延長が長ければ，十分な財源が確保できるが，地域全体ではそのような道路の比率は高くない。したがって，社会的平均費用課金のほうが社会的限界費用課金より，多くの財源を調達できる可能性が高い。さて，欧州では大型トラックへの課金によって捻出した財源で越境鉄道を整備するインターモーダル財源プール制が提案され（European Commission（2001）），アルプス地方ではトラック課金の上乗せが認められている。その際，課金水準は越境鉄道を含めた交通インフラ全体を整備し維持管理できる額に設定されているかのごとくである。財源調達のため，道路管理者が道路の維持管理，更新に必要な額，すなわち平均費用を上回る負担を求めることから，この考え方を短期社会的平均費用説と名付けておくこととする[6]。なお，欧州ではかねてより環境問題解決の切り札としてインターモーダル輸送（複数の輸送手段をコンテナなどを用いてシームレスにつないだ貨物輸送方法）を推進する施策が展開されている（根本（2003））。

長期費用曲線を用いてインフラ水準を最適化する課金理論は開発途上で整理できていない。需要曲線と長期社会的限界費用曲線の交点でインフラ水準を決めるのが望ましいわけだが，長期社会的限界費用曲線の同定が難しいこともあり，現実の課金政策への示唆はわかりにくい。その中で，道路サービスに規模の経済性がなく収穫一定の場合（長期社会的平均費用曲線が水平な場合），最適インフラ水準が達成されている点では短期社会的限界費用が長期社会的限界費用（かつその値は長期社会的平均費用）に等しいことが示された（Mohring（1976））。したがって，条件付きではあるが，長期的にインフラ水準を最適化する課金方式が工夫できそうである。

以下，1.3.3項では対距離課金により，「インフラ水準与件，効率重視，社会最適」をめざす短期社会的限界費用説課金理論，1.3.4項では対距離課金により，「インフラ水準最適化，効率重視，社会最適」をめざす長期社会的限界費

---

6)　新しく交通インフラの整備を行うことに着目すれば長期の最適化問題と捉えることも可能だが，本書ではある決められた道路インフラ水準の維持管理，更新が前提となっている場合を短期最適化問題，需要にあわせ動的に道路インフラ水準を変える場合を長期最適化問題としている。

用説課金理論を解説する。

1.3.3　対距離課金による交通需要管理

　近年になり，「高い通行料金により高速道路が有効に活用されていない」，同時に「一般道路では渋滞が発生し道路環境が悪化している」との指摘を受け，多様で弾力的な料金施策の導入が提案され，高速道路の通行料金割引社会実験が行われるようになっている（根本（2006a））。理論的にはどのように捉えておけばよいであろうか。

　現在のインフラ水準を所与とした総交通費用最小化を図る観点からは，高速道路，一般道路とも「短期限界費用」で価格を決めることが推奨される。したがって高速道路が空いていれば，その価格は交通量が一単位増加する場合の維持管理費用の増加分のみとなる。価格に混雑費用が含まれていないため，初期投資費用を回収すべく設定されている現行料金よりは安くなる。一般道路が混雑していれば，限界費用の一部を構成する混雑費用を道路インフラに関連した限界費用に上乗せすることが必要となる。さらに，地区内に抜け道があり，混雑時に通過交通のため交通事故の危険が増すとすれば，抜け道の価格には交通事故費用を上乗せすることが必要になる。

　2つの都市の間にバイパス，一般国道，抜け道があったとする（図1‐4）。対距離課金実施前において，バイパスは料金を徴収する有料道路であり，それ以外の一般国道，抜け道は料金を支払う必要がない無料道路である。もちろん，それら道路でもガソリン税の形で料金を支払ってきている。本書の考える対距離課金制度では，既存の税，料金のすべてをいったん廃止した上で，時間別，道路別に走行距離に応じて料金を課すことが想定されている。外部不経済を含め限界費用で価格を決めることができれば道路別の交通量は最適化される。すなわちバイパスの交通量は増加し，一般国道，抜け道の交通量は減少すると思われる。

　といっても，これまで一般国道の価格を上げることは制度的，技術的に困難であった。そこで，高速道路側の価格を安くする通行料金割引社会実験が試みられるようになったわけである。相対価格に差をつける高速道路通行料金の割引は，一般道路への混雑課金の導入と同様の効果を持つと考えられる。なお，

図1-4 対距離課金による交通需要管理

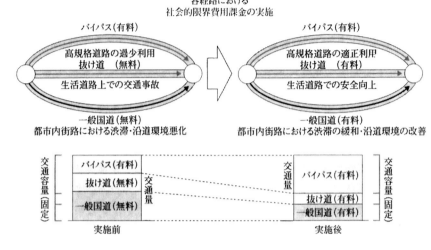

　高速道路走行時に支払っている燃料税相当分は料金の割引に充当して当然だが，それ以上の補填が必要な場合は一般道路の整備に回っている特定財源を用いて料金値下げをすることが考えられる。

　短期的に抜け道の価格を高くすることも難しかった。しかし，一方通行規制，ハンプの設置などにより，同じような効果が期待できる。それは抜け道走行の一般化費用（時間費用，走行費用，燃料税，走りにくさなど道路利用者の支出する費用の合計）を高くすることに他ならない。

　しかし，情報通信技術，高度道路情報システムの応用により，車両の位置，走行距離などが安価に入手できるようになっている。既存の税，料金を廃止した上で，対距離課金を導入し，バイパス，一般国道，抜け道の3本の道路を新しいタイプの有料道路とすることが考えられる。第10章では対距離課金が交通需要管理を行う上で効果的なことを，シミュレーション分析によって示す。

1.3.4 対距離課金による道路インフラ最適水準の達成

　過去，幹線道路の整備水準は，予測される交通量の適切な処理を目的として工学的な観点から定められてきた。都市間幹線道路に関しては国土係数理論を

第 1 章　道路整備財源調達制度の課題と対距離課金の目的　　　23

用いて人口，面積で国道の網密度を求めており（今井・井上・山根（1971）），都
市内幹線道路に関しては土地利用，交通発生密度から主要幹線道路の網密度，
必要車線数が求められている（建設局都市局監修（1992））。それら長期的な道路
の整備目標は短期間で見直す必要はなかったので，同整備目標を前提として，
全国で必要な総整備費用（各道路利用者には平均費用）を推計し，燃料税などの
特定財源で資金調達してきた。

　しかし，わが国における道路をとりまく環境は大きく変化しつつある。今後
の人口減少時代においては，道路の需要と供給に関する経済的側面を分析する
必要性が，これまでにも増して高まる。財政的に苦しい人口減少地域では加速
度的に経済活動が縮減し，それによって交通需要も縮減する可能性が高い。各
地域の最適な道路容量および維持管理費用，更新費用をまかなう道路利用者の
負担水準は，道路の供給費用と交通需要に基づき同時決定することが望ましい。
道路は更新が必要な社会基盤施設である。耐用年数をむかえた道路を更新しな
ければ，埋没費用に配慮することなく，道路容量を調整することが可能である。

　この問題について，Mohring は，道路費用が規模に関して収穫一定のとき，
すなわち長期平均費用曲線が水平ならば，短期限界費用に等しい混雑料金を課
し，その混雑料金収入を道路投資に充当することで，道路整備の最適水準が達
成されることを証明している（Mohring（1976））。また，Verhoef らによって，
特定の箇所の限界的な容量拡大が許容されるのは，そこからの混雑税収入が容
量増大をまかなえるときであることが示唆されている（CE Delft（2002），
Verhoef, Koh and Shepherd（2008））。本書は，この考え方を道路整備の計画論
のなかで解釈し直した。すなわち混雑するときは混雑課金で余剰資金を生み出
して道路の建設を進め，非混雑路線では短期平均費用をまかなえない分だけ更
新を断念し道路容量の縮減を図る道路整備シナリオが考えられるのである。

　具体的には，短期の限界費用価格形成に基づく継続的な道路課金によって，
需要に対応した，長期的な道路容量の最適化を図る枠組みの提案を行う。例え
ば，2 つの都市の間に有料の郊外部幹線道路，無料の都市内街路があったとす
る（図 1 - 5）。両道路とも同一容量（例えば 4 車線）だが，都市内街路は自由流
（交通量の少ない場合）の走行速度が遅いと仮定されている。その上で，両道路
に対距離課金制度を導入すれば，料金が導入された都市内街路では交通が減り，

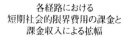

図1-5　対距離課金による道路インフラ最適水準の達成

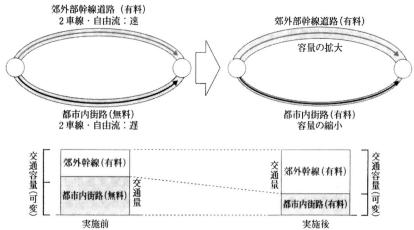

　郊外部幹線道路では交通が増え混雑が生じる。しかし，混雑税収入を投資することによって郊外部幹線道路の容量が次第に拡大していくのである。その結果，郊外部幹線道路の受け持つ交通量は増加し，都市内街路の交通量は減少すると思われる[7]。

　受益者負担の考え方に基づくこの道路計画論では，一般的な混雑税の議論と同様，短期社会的限界費用と需要曲線が交わる交通量における社会的限界費用と私的限界費用の差額を道路利用者に対する最適な課金額とする。このうち，社会的平均費用と私的限界費用の差額が現在の道路容量の維持更新に必要な税額である（図1-6）。社会的限界費用が社会的平均費用より上方に位置している場合，道路管理者は現在の道路容量水準の維持に必要な額より多い税収を得る。これを新規投資（車線数増，網密度増）に充当することで，次期の道路利用者が直面する道路容量は増加する。この反復によって，社会的限界費用が社

---

7)　第11章で確認するが，図1-5のように2経路しかなく，共に規模に関し収穫一定なら，最終的には長期社会的平均費用の高い都市内街路は消滅する。

図1-6 最適化前の道路費用（過小容量の場合）

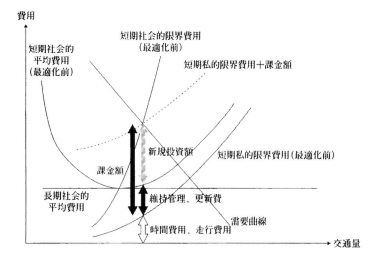

会的平均費用と需要曲線と同時に交わる，長期的に最適な道路容量と交通量が実現する（図1-7）。反対に，需要が少ないときは車線数減，網密度減によって調整される。

なお，ここで需要に対して過小な（過大な）容量を一括して建設し（廃棄し），最適道路容量を達成することも考えられる。この場合，混雑状態（低利用状態）が短期間で解消されるため，建設費（維持管理費）の機会費用以上の便益を得られる可能性もある。しかしながら，混雑費用を徴収する期間がなくなるため，借入金返済を一般財源でまかなわなければならなくなる。あるいは，従来の有料道路制度のように，将来の課金収入で返済していくことも考えられるが，価格というシグナルを通じて需要を管理する社会的限界費用課金の効果は失われる。また，将来の需要が不確実な場合は過剰に建設（廃棄）するリスクが生じる。

1.4 まとめ

本章では道路整備財源制度である道路特定財源制度，有料道路制度を受益者

図1-7 最適化後（容量拡大後）の道路費用

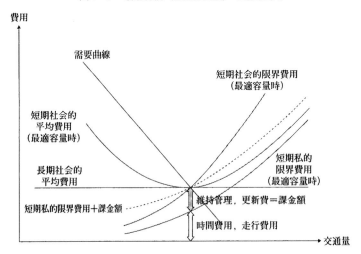

　負担の立場から検討し，それらの制度が見直しを迫られていることを明らかにした。その中で，将来的には燃料税，有料道路料金を廃止し，すべての道路で時間帯ごとにきめ細かく対距離課金を徴収することが，短期的な意味で交通需要マネジメントに資すること，すなわちそれぞれの道路容量にあわせ最適な交通量配分を実現できること，さらに長期的な意味で道路容量マネジメント，すなわちそれぞれの交通需要にあわせ最適な道路容量を実現できることを示唆した。本章では理論的なモデルの提示にとどまっている。それら新しい計画論の実現可能性は本書の後半部でシミュレーション分析などを通じ検証したい。

第2章 道路整備における受益者負担の考え方

2.1 はじめに

　本章では，第1章で提示した対距離課金の基礎となる理論として，「受益者負担の考え方」について考える。

　道路のなかでも一般道路は，混雑状態の水準に応じて純粋公共財または準公共財に分類される。それゆえ，「市場の失敗」の要因のなかでも，特に「公共財の性格」の観点から公共部門による関与が必要とされ，わが国においても，そのほとんどが，国や地方自治体，公団公社によって整備されてきた。

　しかしながら，近年，わが国における道路の整備環境は，政府の財政悪化や事業評価の義務付けなど大きく変化しつつある。また，後述する財源制度に関する議論もかまびすしい。

　これらの環境の変化は，わが国において，より効果的な道路の整備が求められていることの表れと考えられる。それではどのように整備するべきであろうか。上述した「公共財の性格」の観点からは，効率性と公平性の両面から「ただ乗り問題」への対応が必要とされる。この「ただ乗り問題」の解決策としては，社会資本サービスの受益者である利用者に，当該サービスの生産にかかる費用を提示し，それに対する負担を前提に利用の是非を判断してもらうという考え方，いわゆる「受益者負担の考え方」が有効であると考えられる。わが国における道路の整備の財源制度も，この「受益者負担の考え方」に基づいて形成されてきた。

　しかしながら，これまでわが国の財源制度において考えられてきた受益者負担は抽象的な概念にとどまっており，わが国における一般道路整備の財源制度である道路特定財源制度の下で，それぞれの道路利用者にとっての受益者負担がどの程度徹底されているか，受益と負担がどの程度一致しているかは不明確

なままであった。このような環境の下では，特定財源制度の最大の特徴である擬似的な市場機構がどの程度形成されているかを捉えることは困難であり，現実に生じ，指摘されている問題点が，受益者負担の考え方によるものか，それとも現行の道路特定財源制度の規定や運用によるものか，判断する手段が存在しない。受益者負担の考え方の明確な把握，およびそれによって達成される価格代替機能の実効性に関する理解が求められている。

　以上の問題意識に基づき，本章では，2.2節において，特定財源制度と一般財源制度をめぐる議論について概説した上で，特定財源制度とその基本理念である受益者負担について考察を加える必要性を示す。次に2.3節において，道路整備とその財源調達における政府の役割を，公共財の観点から概観する。2.4節では，道路整備の財源調達の考え方である「受益者負担」について，これまでの制度，研究における定義とその問題点について，租税理論における公平性の議論に関する概説も踏まえつつ考察を加えることで，受益者負担の考え方の再検討を行う。そして2.5節では，受益者負担に求められる役割としての価格代替機能を適用するにあたっての課題と解決策を提示し，2.6節においてまとめを行う。以上の考察を通じて，対距離課金の理論としての「受益者負担の考え方」の概念整理を行うことが本章の目的である。

2.2　特定財源制度と一般財源制度の比較

　受益者負担の考え方に基づき，納税者と税収の使途を結びつける財政制度が特定財源制度（目的税）である。揮発油税などにみられるこの制度は，政府による課税に，一般の消費財における負担形態をあてはめるものと理解することもできる。これに対し，納税者と税収の使途を切り離す財政制度が一般財源制度である。消費税などにみられるこの制度は，政府が何らかの基準に基づいて必要と考えた公共支出を使途に関する制約を考慮することなく実行できるという特徴を有している。Teja and Bracewell-Milnes (1991) のように，両制度の下では利害の得失者が異なるため，両制度の比較はそもそも不可能であると指摘する考え方もあるが，たとえば財政学の観点からは，一般財源制度の方が，使途制約がない分だけ相対的に大きな社会的余剰を達成可能であると考えられ

ている。これが近年の「道路特定財源の使途の拡大」や「道路特定財源の一般財源化」に関する主張の論拠ともなっている。

Deran (1965) は，特定財源制度のデメリットを次の5点に整理している。

(1) 効率的な予算のコントロールが損なわれる。

(2) 資金の配分における誤りを導き，機能間で収入の過不足が生じる。

(3) 歳入構造が硬直化し，状況の変化に対する適切な調整が困難になる。

(4) 当初意図した必要性が低下した，不要な制度が存続する。

(5) 定期的な監視が行われない財政行動の発生により，行政の政策策定権限が侵害される。

しかしながら，容易に想像できるように，これら5つの問題点は，一般財源制度の下でも存在しうる。一般財源制度に基づく財源調達であっても，すべての租税および公共支出が毎年ゼロベースで検討されるわけではない。わが国における実態をみても，前年度までの実績値をベースとした概算要求基準が定められ，それに基づき検討，決定されることが一般的であり，上記の問題点は一般財源においても起こりうる問題点と言えるだろう。また，特定財源制度をめぐる議論において，特に強調される問題点が(3)の財政の硬直性の問題であるが，現在，わが国の国および地方の道路整備財源制度のうち，特定財源制度による税収は約8割を占めるにすぎない。残りの約2割は一般財源制度による税収であり，もしさらなる道路整備が不要であるならば，この一般財源の道路整備への投入を止めればよいのである。この問題については，Bird (1984) が，「特定財源化（という制度の活用）がなければ，硬直的になる予算自体が小さくなるのであるから，特定財源化を予算の硬直性の面から批判することは意味がない」とも述べている。

反対に，特定財源制度のメリットについて，Teja and Bracewell-Milnes (1991) は，次の2点を指摘している。

(1) 特定財源制度による税収の安定化によって，事業の継続性など安定的な財源調達による事業費用の削減といった効果がもたらされ，これは予算の硬直性によるデメリットを上回り，社会的余剰の増大が可能となる。

(2) 社会資本整備に特定財源制度を適用することで，社会資本整備より生産性の低い他の公共支出を削減するインセンティブが働く。

この問題については，たとえば，Small, Winston and Evans（1989）は，舗装の経済性に着目し，米国における道路整備が，初期投資が不十分だった結果，ライフサイクルコストが高くなり，達成可能な社会的余剰を失っていることを明らかにしている。

以上示したように，特定財源制度の問題点として挙げられる特徴の多くは，一般財源制度にもあてはまる特徴である。その一方で，一般財源制度が特定財源制度に比べ常に優位性を有しているとも言えない。すなわち，杉山，今橋（1989）が指摘するように，「（財政理論が想定するような）全知全能の政府は存在せず，それだけに，使途を限定されていない財政資金は，現実の必要性や効率性よりも利害関係者の間の力関係などに配分を左右されやすい」のである。

それでは，受益者負担の考え方およびそれに基づく特定財源制度はどのように理解すべきだろうか。Teja and Bracewell-Milnes（1991）らの議論に基づくならば，特定財源制度は，これまでに述べたような不確実な状況下における次善の仕組みとして理解することが可能である。すなわち，特定財源制度は，適切に運用される限りにおいて，道路の利用と供給（整備）の間の擬似的な市場機構の形成を通じて，利用主体（道路利用者），整備主体（政府）がともに最適な行動をとる誘因となりうると考えられる（杉山・今橋（1989），味水（2003）など）。問題は，各財源制度の財政理論上の可能性という抽象的な段階ではなく，実際に当該制度をどのように運用するか，という具体的な段階にあるのである。特定財源制度であっても，政治，行政による不適切な運用の下では，当初の期待された役割を担うどころか，単なる制約になりかねない。受益者負担，特定財源制度に対して求められる特徴を，いかに具体化し，かつその実行可能性を担保するかが重要な論点であり，その論点に対する解は，具体的な段階における分析によってのみ導出できると考える。

また上述したように，国債・地方債の発行残高の増大を背景として，少なくとも今後，道路整備財源を削減する議論は盛んになることはあっても，道路整備に充てられる一般財源を増額することは望みえないだろう。特定財源制度が擬似的な市場機構を形成しうるという上記の議論は，そのような財政制約が増加している近年において，より重要な意味を持つと考えられる。道路特定財源制度を，適切に設計，運用していく限り，基礎的な社会資本である道路を，短

期的な経済環境に左右されず，着実に整備していくことが可能となる。特定財源制度を管理するために設置される特別会計も，適切に運用されるならば，国民に対する説明責任の充実につながると考えられる。裏返すと，特定財源制度において常に擬似的な市場機構が形成されるわけではない。特定財源制度をかかげていても，道路利用者からみて不適切な使途への支出など，そのかかげる理念に反する運用がなされるならば，それは当該特定財源制度を所管する省庁の一般財源に過ぎない。

ただし，同様の議論は一般財源制度についても当てはまる。一般財源制度による財源調達も，それによって調達された資金を，非効率な施策，将来展望の見えない政策に充当し，無秩序に運用する限りにおいては，理論上の優位性を発揮することはできないのである。

以上示したように，特定財源制度か一般財源制度かという財政理論上の可能性に関する段階の議論からは，道路整備財源制度に関する具体的な政策提案，制度変更の導出は困難である。したがって，次節以降では，擬似的な市場機構の形成の議論を通じて具体的な制度変更に関する検討が可能な，特定財源制度およびその基礎である受益者負担の考え方について，特に理論的観点から考察を加える。

2.3 公共財としての道路と「ただ乗り問題」

道路は，空港，鉄道，港湾などとともに交通関連社会資本を構成する要素である。冒頭でも述べたように，これら交通関連社会資本の整備には，一般に公共部門が積極的な関与をしてきた。これは，「私的な動機（利潤の追求または私生活の向上）による投資のみに委ねているときには，国民経済社会の必要性からみて，その存在量が不足するか著しく不均衡になる資本」（経済審議会社会資本研究委員会（1969））であるがゆえに，公共部門の関与が必要とされるためである。

しかしながら，すべての交通関連社会資本に対する公共部門の関与について，ある絶対的で唯一の理由が適用されるわけではない。私的な動機を有する民間部門による社会資本の供給における不足，不均衡の要因は，当該社会資本自体

の性格およびそれをとりまく市場環境などによって大きく異なる。この民間による供給に任せていると市場の機能が阻害される状況を，経済学では「市場の失敗」と位置づけ，過去，その要因ごとに詳細な分析を加えてきた。

　一般に経済学では，「市場の失敗」の要因として「公共財」，「外部性」，「自然独占」，「情報の不確実性と非対称性」の4つを挙げている。交通関連市場における市場の失敗については，藤井，中条（1992）や山内，竹内（2002）などが全般的な整理を行っているが，ここでは，上述した社会資本の定義を踏まえ，特に「公共財」の観点から，一般道路の整備について考察を加えることとする。

　公共財の理論的な研究自体は，Musgrave（1939）や Bowen（1943），Samuelson（1954），Lindahl（1958）など，20世紀前半から行われてきた。しかし，この公共財の理論が重視されるようになったのは，20世紀なかばから後半にかけてであり，この背景としては，大きな政府から小さな政府へという財政政策の変化が存在している。すなわち，ケインズ的な積極財政に基づく政府の意思決定が行われているなかでは，政府に求められる役割は次第に拡大していく（小さな政府から大きな政府へ）。しかしながら，この拡大は財政状況の悪化ももたらし，結果として，政府の役割の精査，縮小という，小さな政府の考え方が再び重視されるようになってきたのである。政府が供給する財・サービスの選別の意思決定に用いられる理論のひとつが，公共財の理論である。

　経済学において，公共財は，「消費の非競合性」（共同消費性）と「消費の非排除性」（排除不可能性）という2つの特徴のいずれか，または両方を満たす財・サービスを意味する。たとえば警察サービスは，たとえ何ら負担をしなくても，その利用を止められることはない。また，他の誰かと同時に当該サービスを享受することも可能である。すなわち，「消費の非競合性」とは，ある財・サービスの利用者全員が，当該財・サービスを同時に利用できるという性格であり，「消費の非排除性」とは，利用の対価を負担しない利用者を排除できないという性格である。この2つの性格をともに有する財が（純粋）公共財であり，その例としては，国防や警察が挙げられる。その一方で，これらの性格のどちらも有していないのが私的財であり，一般に市場で取引される財を意味する。ここで問題は，公共財が通常の財（私的財）の消費形態をとることができない点にある。「消費の非競合性」を有するため，利用者の支払意思額に

応じた消費（量）の決定が不可能であり，また「消費の非排除性」を有するため，価格の支払い行動を通じた利用者の選別ができないのである。したがって，公共財は市場に任せただけでは最適に供給されず，このことを「市場の失敗」と呼ぶ。

しかしながら，これら「消費の非競合性」と「消費の非排除性」は，その有無が明確に区別可能なものではなく，多くの場合，水準の高低の問題である。たとえば，上述した警察サービスも，非常時には混雑が生じるため，国民全員が利用できるとは限らない（奥野，鈴村（1988））。

それでは，一般道路はどのように捉えることができるだろうか。一般道路において，支払いを行わない特定の道路利用者の利用を排除するには，すべての進入路（交差点）に料金所を設置するといった作業が必要となる。このような排除を行う限り，必要な費用が得られる便益を大きく上回ることは容易に想像でき，「消費の非排除性」が存在していると言える。一方で，「消費の非競合性」の有無は，その混雑状態に依存している。混雑していない場合，一般道路はすべての道路利用者が快適に走行できる。すなわち，「消費の非競合性」が存在する。しかしながら，混雑が生じている環境の下では，当該一般道路を利用したくても利用できない道路利用者が発生する。すなわち，「消費の非競合性」は存在しえない。なお，同じ道路でも有料道路は，インターチェンジからのみ進入が可能であるため，費用を負担しない利用者の排除は，相対的に容易といえる。ただし，混雑に依存する性格は一般道路と同一であり，一般道路の場合，「消費の非排除性」は常に存在し，混雑の発生状況によって，「消費の非競合性」の有無は分かれると考えられる。以上の議論に基づき，公共財を「消費の非競合性」と「消費の非排除性」によって分類したものが図2-1である。

それでは，公共財の性格は，どのように「市場の失敗」の要因となるのであろうか。上述したように，一般道路は「消費の非排除性」を有するとともに，その混雑状況に応じて「消費の非競合性」も有する。

第一に，利用者を排除できない場合（「消費の非排除性」が存在するとき），ある公共財が民間企業によって生産され，対価の支払いの有無にかかわらず，当該公共財を利用できるならば，その需要者（利用者）は真の支払意思額を表明するインセンティブを失う。当該公共財の利用から便益を享受する一方で，負

図2-1 「消費の非競合性」と「消費の非排除性」による財の分類

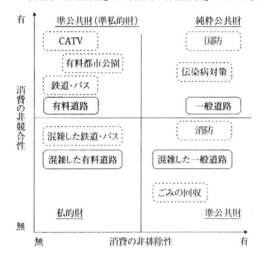

担する費用（支払額）を可能な限り低くしようと努力するだろう。その結果，この市場において，資源配分が最適化される可能性は低い。また，需要者が対価を負担しない公共財を，民間企業が継続的に生産し続けることも困難である。

　第二に，利用者を排除できる場合でも，「消費の非競合性」が存在するならば，その公共財の市場における民間企業による生産が，パレート最適の状態になる可能性は低い。当該公共財が一度生産されてしまえば，利用者が追加的に当該公共財の市場に参加することの社会的費用はゼロに近く，その社会的費用を上回る限りにおいて最低の支払意思額を有する利用者も市場に参加させることが社会的に望ましいためである。一方，民間企業からみても，価格差別などの仕組みの導入ができない限り，すべての利用者の価格を安くせざるをえなく，生産主体である民間企業が継続的に生産を続けることが困難であるのは明らかである。これらが「ただ乗り問題」であり，それゆえ，公共財の観点から「市場の失敗」の要因となるのである。

　この「ただ乗り問題」に対処すべく，政府による一般道路の整備とその財源調達が求められる。そこでは，一般道路の市場が可能な限り一般的な競争市場と同様のものとなるように，私的財における価格と同様の機能を，一般道路の

利用に応じた税に期待すること，すなわち，価格代替機能を導入することが考えられる。また，財源調達問題への対応としては，上でも議論した，一般財源制度または（受益者負担の考え方に基づく）特定財源制度のいずれかの導入が考えられる。しかしながら，一般財源制度は，近年の財政制約の強まりの下でそのさらなる適用は期待できず，また価格代替機能の発揮も期待できない。それに対して，特定財源制度は，得した人が負担するという素朴な公平感にかなうほか，適切に運用するならば価格代替機能の発揮も期待できるのである。

　以上の議論に基づき，次節では，特定財源制度の基本理念である「受益者負担」の考え方に関する考察を加え，その明確化を図る。

2.4　受益者負担の考え方

2.4.1　道路行政における受益者負担

　国土交通省道路局（2004）は，道路特定財源制度の長所として公平性，安定性，合理性の３点を挙げているほか，その基本理念である受益者負担を「公共サービスによって直接の利益を受けるものに対して課せられる負担」と，また損傷者負担を「その公共施設を損傷する行為をするものに課される負担」と，それぞれ定義している。ここで，「受益」は道路の走行距離に関連し，「損傷度」は自動車の重量に関連すると述べられている。しかしながら，「公共サービスによって直接の利益を受けるものに対して『走行距離にどのように関連させ，どの程度の範囲の費用を』課せられる負担」なのか，「その公共施設を損傷する行為をするものに『自動車の重量にどのように関連させ，どの程度の範囲の費用を』課される負担」なのか，について具体的に明示しているものではない。また，「公共サービスによって直接の利益を受けるもの」と「公共施設を損傷する行為をするもの」の関係性，違いについても明示されていない。この財源調達の範囲，主体のあいまいさが，受益者負担の不明確さの要因となっていると考えられる。

　国土交通省（2004）の定義に限らず，「受益者負担」は単純かつ用いやすい用語である。それゆえ，明確な定義がなされないまま様々な用いられ方をしてきており，このことが受益者負担をめぐる議論に混乱を招いてきた。そこでこ

こでは，受益者負担に関するこれまでの研究，制度などを簡単に整理することを通じて，「受益者負担」の定義の明確化を図りたい。

2.4.2 法制度における受益者負担

受益者負担の考え方の歴史は古く，ローマ法においても関連する規定が見られるほか，英国では1427年に，米国では1858年に，それぞれ受益者負担に関する制度が成立している（田中（1979））。

これらの国ほどではないものの，わが国における受益者負担の法制化も古く，1919年に制定された旧道路法（第39条）および旧都市計画法（第6条）での導入がはじまりである。なお，旧道路法および旧都市計画法では「受益者負担金」と表現され，「地方公共団体等が公共事業によって，特別の利益を受ける者に，その利益の範囲内において，その事業に要する経費の一部を課す特別負担金」と定義されていた。ただし，戦前のわが国における受益者負担制度の活用度は低く，受益者負担の規定が活用されるようになったのは，1960年代後半以降であり，田中（1979）はその背景として各地方自治体における財政危機を挙げている。

なお，戦前の法令において受益者負担の考え方が定着しなかった原因に関してもいくつかの指摘がある。たとえば，桜井（1984）は，(1)地方公共団体の賦課権の不明確性，(2)無租地（国有地など）への非賦課，(3)行政官僚主導型に対する住民の不支持の3点を挙げている。また大久保（1983）は，(1)土地の科学的評価制度の未確立，(2)受益の程度に関する評価方法の未確立，(3)対象者の権利関係等における技術的問題の存在の3点を挙げているほか，三木（1987）は，課税標準（土地評価額）と実際の地価の乖離を原因として挙げている。

今日では，土地基本法の他，地方自治法，土地改良法，港湾法，道路法，土地区画整理法など，公共事業関係法のほとんどに受益者負担金の規定が見られる。ただし，特別の給付に対する反対給付である受益者負担金にとって，桜井（1984）や大久保（1983）などでも指摘されている，「特別」の認識問題や「受益」の把握の困難性は依然として，その適用にあたっての課題として考えられる。また，受益者負担金による収入が決算書では雑収入に含まれることによる実績額の把握の困難性も，その適正性に関する議論における問題点である。こ

第2章　道路整備における受益者負担の考え方　　　37

れらの議論, 問題点は, 十分に現行の道路特定財源制度にもあてはまる論点だと考えられる。

2.4.3 受益者負担の定義分類

それでは, 受益者負担は, どのように定義付けられてきたのだろうか。まず, わが国で最初に法制化された受益者負担として, 前節で述べた「受益者負担金」がある。田中 (1979) は, この「受益者負担金」について「公共団体が公益のために公の施設を新設し, もしくはこれに格段の改良を行ない, または維持するに必要な経費の一部を, 特別な利益を受ける土地の所有者および権利者に対して, 受益の程度に応じてかする金銭的給付義務」であると定義づけている。その上で, その目的は「国家の土地投資による『地価』上昇の吸収であり, (中略), 開発行為によって生じた開発利益の吸収」であるとしている。

この定義からは,「受益者負担金」が,「道路等の社会資本整備に基づくある事業や工事等によって著しく大きな利益を受ける者が生じた場合に, 当該事業及び工事の費用を一部負担させる」という考え方に基づく用語であり, 第一義的には「開発利益の公共還元」を指している用語であったことが推察される。

しかしながら, 現在, 一般的に議論されている受益者負担とは,「開発利益の公共還元」という意味以外でも用いられている。この問題について, 田中 (1979) は,「受益者負担」の意味を, (1)開発利益の負担, (2)公共サービスなどの価格, (3)公共サービスの費用負担の配分原則, の3点に整理している。

このほかにも, 杉山 (1997) は, 社会資本整備の費用が最終的に誰によって支払われるかという側面を「費用負担」と呼び,「利用者負担」,「受益者負担」,「公共負担」の3種類に分類するとともに, それぞれ「サービスを享受する当事者が費用を支払うこと」,「直接の利用者だけでなく, サービスが供給されることから間接的に何らかの恩恵を受けるものがすべて負担に加わること」,「サービスの供給の恩恵が地域全体あるいは国全体に無差別に及ぶと考えられるような場合に, 地域住民や国民からの税収を供給費用に充当すること」と定義づけている。これらの定義に基づき, 杉山 (1997) は「利用者負担は受益者負担と公共負担の, 受益者負担は公共負担の部分集合であり, また, 受益者負担が効率性および公正の両面から最も承認されやすい負担原理」だとしている。こ

こで用いられている「受益者負担」とは，あくまでも費用負担の範囲に関する概念であり，負担の程度は考慮されていない。

しかしながら，負担の程度も明確にすべきであることは言うまでもない。道路は，さまざまな関係者がさまざまな水準で関与する社会資本であり，その整備に関わるすべての費用を必ずしも道路利用者のみに求めるわけではなく，一部は直接的に道路を利用するわけではない関係者も関係するため，その程度が重要であるからである。また，それがゆえに，効率性や公平性，社会的受容性など，さまざまな視点から費用負担制度を評価することが求められているのである。

以上の議論を踏まえると，いわゆる受益者負担は少なくとも次の4つの観点から分類できると考える。第一が，「開発利益の公共還元」を意味する受益者負担である（受益者負担金）。第二が，「公共サービスの対価」を意味する受益者負担である（公共料金）。第三が，「費用負担の配分原則」を意味する受益者負担である（応益原則）。第四が，「費用負担における帰着の範囲の分類」を意味する受益者負担である。

このように，「受益者負担」という用語に対して多様な意味を持たせた上で，さまざまな場面でかつそれぞれ異なる限定された意味で用いてきたことが，受益者負担の定義をめぐる混乱の最大の要因であると想像できる。

2.4.4 財政学における「応益原則」と受益者負担

上述した定義のうち，「費用負担の配分原則」については，租税を扱う財政学においてこれまでに培ってきた理論が存在する。

Musgrave（1959）は，財政の機能として，資源配分機能，所得再分配機能，経済安定化機能の3機能を挙げている。これらの機能を実行するにあたっては，その財源を調達することが必要である。現在，政府が行う政策に伴う財源調達の手段としては，所得税や消費税などの租税をはじめとして社会保険料，有料道路などの料金，下水道等の受益者負担金，公債，財政投融資などがある。財政学の分野では，政府によるこれら多様な財源調達手段をどのように組み合わせていくか，について議論が積み重ねられてきた。

財政学における財源調達の評価基準としては，一般に「公平」，「中立」，「簡

素」の3基準が存在する。本節では，このなかでも上述した費用負担の配分原則に関連する「公平」に着目する。ここで公平の基準とは，何らかの指標の下で，ある租税に基づく財源調達が，「公平」であるかどうか，またその公平の基準を満たす租税体系はどのようなものでなければならないか，という議論に対する評価基準を意味する。この公平の基準は，「水平的公平性」と「垂直的公平性」の2つの公平性概念から構成されている。何らかの指標の下で「同一水準の人々は同一の負担を負わなければならない」という考え方が水平的公平の原則であり，同じく何らかの指標の下で「異なる水準の人々は異なる負担を負わなければならない」という考え方が垂直的公平の原則である。

　ここで問題は，「何らかの指標」である。この「何らかの指標」の選択によって，最適とされる環境は大きく変わってくる。この選択は，経済学の範疇を超えた社会哲学の議論であり，またその指標を選択する社会がおかれている時代や場所といった環境によってもまったく異なった指標が選ばれるといっても過言ではない。

　この公平の指標に関する議論をまとめた既存研究として井手（1982）がある。井手（1982）は，租税に関する学説について，「租税の根拠（租税が国家によって強制的に徴収せられ得る理由）」に関する学説と「租税の配分原則（各個人の間に，いかなる割合で租税を割り当てるべきかを指示するもの）」に関する学説に分けてそれぞれの学説を示している。

　井手（1982）が挙げている「租税の配分原則」に関する学説のうち主たる4つの学説をまとめると，以下のようになる。

　第一の学説が旧利益説であり，「租税は個人が国家より利益を受ける程度に応じて，各個人間に配分せられるのがもっとも公平である」とする学説である。この学説は「租税の根拠」に関する旧利益説および保険料説に基づくものであり，Smith や正統学派によって唱えられた。

　第二の学説が新利益説であり，「各個人に対する租税額は，当該個人が享受する国家給付に対し，彼が認める主観的価値によって決定される」とする学説である。この学説は「租税の根拠」に関する新利益説に基づくものであり，Wicksell や Lindahl などによって唱えられた。

　第三の学説が能力説（負担能力説，給付能力説）であり，「国家と個人との間

に，個別的な給付，反対給付関係は認められないため，個人の享受する国家給付の大小によって租税を配分することは不可能であり，結局，個人の財産もしくは所得の客観的価値の大小によって，租税を配分するのが最も公平な方法だ」とする学説である。この学説は「租税の根拠」に関する義務説（犠牲説）に基づくものであり，主に国家主義的立場をとる学者によって唱えられた。

第四の学説が犠牲説であり，「納税によって個人が喪失する主観的価値（犠牲）を，効用逓減の法則を援用して測定し，この喪失価値を各個人を通じて平等ならしむべし（平等犠牲説），もしくは，その国全体を通じて，最小ならしむべし（最小犠牲説）」とする学説であり，広義の能力説と考えられる。この学説も能力説（負担能力説，給付能力説）と同様，「租税の根拠」に関する義務説（犠牲説）に基づくものであり，国家主義的立場をとる学者の他，個人主義的立場をとる Mill や Sax, Edgewarth, Marshall, Pigou などによって唱えられた。

以上示した，「租税の根拠」に関する学説および「租税の配分原則」に関する学説をまとめると，以下のようになる（表 2-1）。

「租税の配分原則」に関する 4 つの学説は，利益をその基礎とするもの（旧利益説および新利益説）と，能力をその基礎とするもの（能力説および犠牲説）とに大きく分けることができ，そのなかで時代によって細かい基準が変化してきたものと理解できる。すなわち，利益をその基礎とする学説に関しても，多様な学説が存在してきており，同様に能力をその基礎とする学説に関しても，多様な学説が存在してきているのである。

このうち利益を基礎とする学説について，井藤（1969）は，政務費用説，享

表 2-1 「租税の根拠」に関する学説と「租税の配分原則」に関する学説の関係

租税の根拠に関する学説	租税の配分原則に関する学説	基礎
公需説	－	－
旧利益説（交換説）	旧利益説	利益
保険料説		利益
義務説（犠牲説）	能力説(負担能力説，給付能力説)	能力
	犠牲説	能力
新利益説	新利益説	利益

益説，交換説，価格説，保険料説など，さらに詳細に分けられた学説を示した
うえで，次の2節に大別されると述べている。

(1) 国家政務が個々人に与える費用を計算し，この費用高を標準として課税
すべしという費用説

(2) 個々人が国家給付より受ける利益，国家給付に対する主観的価値を標準
として課税すべしという利用説

このように，租税配分の原則に関する学説のうち，利益をその基礎とする学
説は，その課税標準を当該サービスの供給費用とするか，当該サービスから受
ける利益とするか，によって大きく分けられることがわかる。利益を基礎とす
る考え方のなかでも，課税標準をめぐる論争があったことは興味深い。公共財
の市場を一般的な市場に近接させることは重要であるが，その検討にあたって
は，井藤（1969）が述べるように，租税が，「国家の一方的意思に基づき強制
的に規定されるもの」であることを十分考慮することが必要であると考える。

2.4.5 道路整備における受益者負担の明確化

前節までに，受益者負担に関するこれまでの議論および定義の整理を行った
が，それぞれの制度や学問的分野ごとに，限定的な定義や不明確な意味合いで
用いられてきたことがわかった。また，財政学における「租税の配分原則」に
関する学説においても，同じ利益説のなかでも課税標準をめぐる論争があった
ことがわかった。以上の議論を踏まえると，本節において受益者負担の明確化
を行うにあたっては，以下の2点が重要な論点になってくると考えられる。

第一が，「受益者負担」の「受益」を費用（費用責任額）で捉えるか，便益で
捉えるか，という論点である。旧利益説と新利益説の間で長い論争があったこ
とからも示されるように，この「受益」の捉え方は「受益者負担」に関する本
質的な問いと考えられる。税の「価格」としての役割を強調するなら，需要の
大きい公共サービスの価格が高くなり需要が抑制されるとともに，次の期には
その公共サービスの供給が増やされることになる。ここで，需要とは人々の支
払意思額であり，「国家給付に対する主観的価値」であるから，単純に価格代
替機能のみを重視する立場では「便益」に基づく負担配分が望ましいこととな
る。

しかしながら，もちろん受益者の特定，便益の量的測定に関し技術的に解決できる問題は限られている。また，井藤（1969）が述べたように，租税とは「国家の一方的意思に基づき強制的に規定」されるものであり，一般的な私的財と同様に「便益」に基づいて負担を求めることに対しては疑念も残る。それに加えて，「便益」に基づいて負担をする場合，調達される資金が，道路整備の必要額を超過することも考えられる。しかし，税が「国家の一方的意思に基づき強制的に規定されるもの」であるという性格を考えると，負担者を限定した上で国家政務の実行に必要な額以上の負担を求めることは，当該負担者と非負担者間の公平の観点から好ましくないと考えられる。ここで考えなければならない価格代替機能とは，「公共部門が供給するサービスを前提とした価格代替機能」ではなく，「公共部門が供給するサービスに対する財源調達を前提とした価格代替機能」なのである。このことは，U.S. Department of Transportation（1997）などに示されるように，実務的な観点から，公共サービスの供給に要した費用に基づいて負担配分する考え方が支持されていることとも一致する。

　費用についても短期費用を用いるか，長期費用を用いるかという問題が存在する。今後のわが国における社会資本のあり方を考えたとき，問われていることは，現在の整備水準を維持管理，さらに更新することが可能か，という問題である。道路のなかでも，特に橋梁については，戦後整備された橋梁の更新時期が2010年代から始まるとされており，この更新問題への対応が喫緊の課題である。すなわち，道路という社会資本を次世代に受け継いでいくべきだとする視点からは，短期費用よりもサービスの再生産を可能とする資本費を含めた長期費用を用いるべきであろう。ただし，この考え方の適用にあたっては，プロジェクトごとの状況を考慮することが必要である。すなわち，すでに整備が完了している道路のうち，大幅に当初予測の交通量を達成できないことが明らかな路線，たとえば東京湾横断道路（東京湾アクアライン）や西瀬戸自動車道（瀬戸内しまなみ海道）等に関しては，更新の是非を議論した後，非更新の方針が選択されるならば，短期費用を基に「受益」を捉えることも考えられる。しかしながら，このようなケースは，道路整備計画自体に問題があったケースであり，基本的には上述したように，長期費用に基づく道路利用者ごとの費用責任

第2章　道路整備における受益者負担の考え方　　43

図2-2　財源調達先の分類に関する杉山（1997）との比較

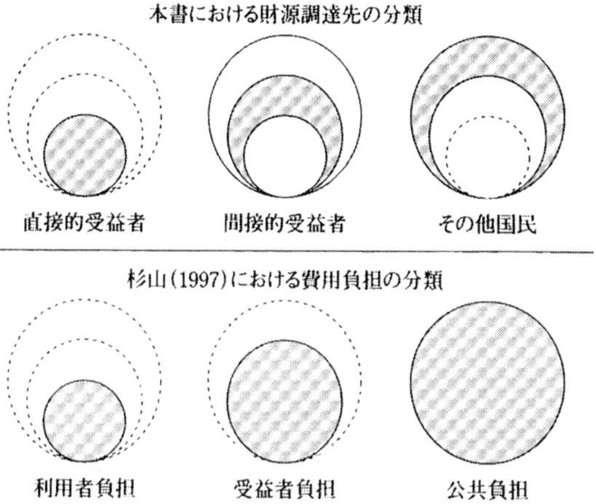

本書における財源調達先の分類

直接的受益者　　間接的受益者　　その他国民

杉山（1997）における費用負担の分類

利用者負担　　受益者負担　　公共負担

額を基に「受益」を捉えるべきである。

　その際の道路利用者の費用責任額として，どのような長期費用を用いるべき
か。経済学的には，限界費用価格形成に基づき，規模の経済，不経済の存在に
かかわらず限界費用に基づいて直接的受益者（道路利用者）に負担を求めるこ
とが効率的であるとされる。しかし，規模の経済の下での限界費用価格形成の
適用は，欠損を生じさせる。上述したように，財政状況が厳しくなるなかで，
今後，一般財源の投入の拡大は期待できない。社会資本ごとにできるだけ収支
を均衡させる費用，すなわち収支制約の下での次善の価格形成（ラムゼイ価格
形成や平均費用価格形成）の適用が必要とされるだろう。

　第二が，受益者負担の「負担」を誰に求めるか，という論点である。上述し
たように，杉山（1997）は，社会資本整備の費用が最終的に誰によって支払わ
れるかの側面を「費用負担」と呼び，「利用者負担」，「受益者負担」，「公共負
担」の3種類に分類した上で，この3種類の負担は包含関係にあるとしている。
この分類を応用することで道路整備費用の「負担」先を以下のように分類でき
るだろう。第一が，杉山の分類において利用者負担に相当する主体の「直接的
受益者」である。第二が，杉山の分類において受益者負担に相当する主体から，
利用者負担に相当する主体を差し引いた「間接的受益者」である。第三が，杉
山の分類において公共負担に相当する主体から，受益者負担に相当する主体を

図2-3 道路整備の財源調達における受益者負担

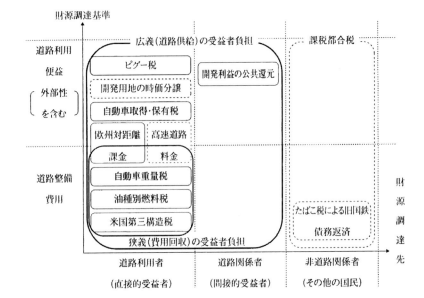

差し引いた「その他国民」である（図2-2）。

この主体に関する概念の差異は，「受益」に応じた「負担」を求めるという点で，重要と考える。杉山 (1997) で用いられている「受益者負担」は，あくまでも費用負担の範囲の上での概念であり，負担の程度は考慮していない。しかしながら，ある経済主体に費用負担を求めるにあたっては，当該経済主体が費用負担先として選ばれた根拠および費用負担額とその根拠が必要不可欠なのである。したがって，費用負担の範囲と程度は不可分のものと考えられる。

以上，2つの論点に基づき，道路整備の財源調達における受益者負担を表したものが図2-3である。すなわち，道路整備の財源調達における費用負担を「財源調達基準」と「財源調達先」によって分類する。前者の財源調達基準は，第一の論点に基づき，「(旧利益説に基づく) 道路整備費用」と「(新利益説に基づく) 道路利用便益 (外部性を含む)」に分類できる。また後者の財源調達先は，第二の論点に基づき，「道路利用者 (直接的受益者)」，「道路関係者 (間接的受益者)」および「非道路関係者 (その他の国民)」から構成される。このうち，道

路関係者には，たとえば沿道の土地所有者などがあてはまる。

　また，ここでは受益者負担を狭義，広義の2つに分けて考える。第一に，道路の整備（供給）に要した費用の回収のみを念頭に置いて実施する財源調達手法の基となる受益者負担を，「狭義（費用回収）の受益者負担」と定義する。その範囲は，「道路利用者（直接的受益者）」を財源調達先とし，「道路整備費用」を財源調達基準とする部分である。第二に，費用の回収のみならず，道路の供給市場を他の一般的な市場と同様の性格を持たせること，すなわち道路供給市場における資源配分の適正化をも念頭に置いて実施する財源調達手法の基となる受益者負担を，「広義（道路供給）の受益者負担」と定義する。その範囲は，「道路利用者（直接的受益者）」および「道路関係者（間接的受益者）」を財源調達先とし，「道路整備費用」と「道路利用便益（外部性を含む）」を財源調達基準とする部分である。

　以下，具体的な財源調達手法を基に，図2-3の財源調達区分を整理する。

　わが国における現行の自動車関係諸税のうち，主に走行段階課税は，「狭義（費用回収）の受益者負担」の範疇に属すると考えられる。すなわち，走行段階で課される揮発油税や地方道路譲与税，軽油引取税，石油ガス税（石油ガス譲与税）といった油種別燃料税は，「道路利用者（直接的受益者）」が，当該燃料の使用に応じて納める税であり，米国における第三構造税ほどではないにしろ，走行距離に応じて増加する道路の損傷およびそれに基づき発生する道路整備費用への負担としての性格を有していると考えられるためである。

　また，自動車重量税（自動車重量譲与税）も，上述した走行段階課税と同様，「狭義（費用回収）の受益者負担」の範疇に属すると考えられる。確かに，現行の課税方法（保有段階課税）のままでは，米国における第三構造税のように，当該車両が1年間に道路に与える損傷およびそれによって生じる道路整備費用を正確に反映できているとは言いがたく，課税方法の修正が今後必要となってこよう。しかしながら，平均的な車種別走行距離に対応して課税額が設定されるならば，その課税理念は，「狭義（費用回収）の受益者負担」の範疇に組み込むことができるだろう。

　財源調達手法ではないが，米国における現行のコスト・アロケーション・スタディ（U.S. Department of Transportation（1997））も，上記の燃料税や自動車

重量税と同様，「狭義の受益者負担」の範疇に属する施策として理解できる。これは，現行のコスト・アロケーション・スタディが，道路整備の維持管理時代を背景として，乗用車やバス，トラックといった車種ごとに，道路に与える損傷度合いを主に推定しているものであるためである。しかしながら，2000年に公表された1997年版コスト・アロケーション・スタディの追加版（U.S. Department of Transportation（2000））にも示されているように，今後は，大気汚染や騒音といった外部不経済も踏まえた社会費用を実際に車種別費用負担に組み込んだコスト・アロケーション・スタディが継続的に実施されることとなるであろう。これを将来型コスト・アロケーション・スタディとするならば，この将来型コスト・アロケーション・スタディは，「道路利用者（直接的受益者）」を財源調達先とし，「（現行分について）道路整備費用」と「（追加分について）道路利用便益（外部性を含む）」を財源調達基準とする範疇に含まれると考えるべきだろう。ただし，そのときの検討対象が，これまで議論展開をしてきた道路整備費用の費用回収だけではないことに留意する必要がある。将来型コスト・アロケーション・スタディと同様，環境や混雑に関して課されるピグー税も，「道路利用者（直接的受益者）」を財源調達先とし，「便益」を財源調達基準とする範疇に含まれると考えられる。ただし，これも，その主目的が外部不経済の内部化すなわち道路供給市場における資源配分の適正化であって，道路整備の費用回収ではないことに留意が必要である。

　また，道路整備に関する財源調達手法ではないものの，「直接的受益者」を財源調達先とし，「道路利用便益（外部性を含む）」を財源調達基準とする財源調達手法の代表例としては，「開発用地の時価分譲」が挙げられる。この「開発用地の時価分譲」は，1970年代の神戸市における都市経営などで主に用いられた手法であり，公共部門が社会資本の整備に先行して取得した土地を，社会資本の整備後に，上昇した地価（時価）を基準として市民や企業に分譲するものである。これと対照的な手法が開発用地の簿価分譲であり，これは社会資本の整備によって地価が上昇したとしても，公共部門の取得時の地価（簿価）を基準として市民や企業に分譲するものである。

　「道路利用者（直接的受益者）」を財源調達先とし，「道路利用便益（外部性を含む）」を財源調達基準とする，他の自動車関係諸税としては，自動車取得税

や自動車税，軽自動車税といった，取得・保有段階課税が考えられる。上述した自動車重量税と同様，現行の課税方法のままでは，道路が整備されることから得られる便益に応じた，正確な徴税がなされているとは言えない。しかしながら，平均的な車種別の道路の利用可能性など，道路利用者が得るであろう便益に対応して課税額が設定されるならば，その課税理念は，上記の範疇に組み込むことができるだろう。

　また，受益者負担金制度に基づく「開発利益の公共還元」は，「道路関係者（間接的受益者）」を財源調達先とし，「道路利用便益（外部性を含む）」を財源調達基準とする範疇に含まれると言えるだろう。すなわち，開発利益の公共還元を求められる主体は，道路整備によって，棚ぼた的に恩恵を受けた沿道の土地所有者，すなわち間接的受益者であり，またその恩恵は，道路整備費用とはほとんど関係性のない，便益そのものだからである。これに対して，「道路関係者（間接的受益者）」を財源調達先とし，「道路整備費用」を財源調達基準とする範疇に含まれる財源調達手法は存在しない。これは，直接的な受益者でない限り，当該公共サービスたる道路の整備費用を発生させることはないからである。

　ただし，「道路利用者（直接的受益者）」を財源調達先とするものの，財源調達基準としては，「道路整備費用」と「道路利用便益（外部性を含む）」を併せ持つものとして，わが国における高速道路料金や欧州における対距離課金が存在する。わが国における高速道路の料金制度は償還制に基づいており，その料金には費用回収の意図が含まれている。しかしながら，高速道路の利用者が，料金を負担してまで高速道路を利用するのは，高速道路に対して，高速に移動できるという付加価値を見出すためである。そこには，利用の便益の性格も十分に含まれていると考えられる。また，欧州における対距離課金は，道路整備費用を負担しない通過交通（特に大型車）からの費用回収などを目的として導入された制度ではあるが，燃費基準（EURO I〜III）に基づいた課金額設定を行っており，第1部でみたように，社会的な外部不経済の内部化にも配慮し始めている。すなわち，財源調達基準は，公共財における「消費の非競合性」や「消費の非排除性」と同様，程度の問題でもあるのである。たとえば，「開発用地の時価分譲」においても，積極的な都市経営を行っていく上での費用の回収

も目的のひとつであったと考えられる。この性格を踏まえた上で，分析を行うことが重要である。

なお，上で定義した「広義（道路供給）の受益者負担」の外の部分，すなわち「非道路関係者（その他国民）」を財源調達先とし，「道路利用便益（外部性を含む）」および「道路整備費用」を財源調達基準とする範疇に含まれる財源調達手法の下では，「受益」と「負担」の間に，何ら関係性が見出せない。このような，特定の受益がない主体に，何らかの関係性を結び付けて負担を求める財源調達手法は，牛嶋（2000）が提示する「課税都合税（受益と負担の関係性がまったくない目的税）」に属すると考えられる。具体的な例としては，道路整備に関する財源調達手法ではないが，たばこ税収入の旧国鉄の債務返済への充当が挙げられる。

以上，道路整備の財源調達における受益者負担を，財源調達手法に関するひとつの枠組みのなかで，統合的に説明できることが示された。

なお，財源調達手法としての燃料税は，自動車の走行距離に応じて発生する道路の損傷およびその整備費用を反映するものであり，「道路整備費用」に基づいて考えることが妥当だと考えられる。したがって，国土交通省の定義する「狭義の受益者負担」，「損傷者負担」および「広義の受益者負担」は，すべて図2-3における「道路利用者（直接的受益者）」を財源調達先とし，かつ「道路整備費用」を財源調達基準とする範疇に該当すると判断できる。また，上述したように，道路法第61条における受益者負担金の規定がほとんど活用できていないという現状は，「道路利用者（直接的受益者）」の受益者負担と「道路関係者（間接的受益者）」たる沿道土地所有者の受益者負担を切り離して検討してきたために生じていると考えられる。以上のことからも，上で提案したように，今後，道路整備にかかわるすべての受益者（道路利用者（直接的受益者）および道路関係者（間接的受益者））をひとつの枠組みのなかで捉え，かつその財源調達基準を踏まえた上で受益者負担を定義し，理解していくことが重要だと考えられる。

次節以降の議論においては，上述した論点の整理および図2-3における受益者負担の枠組みの整理に基づき，「狭義（費用回収）の受益者負担」を単に受益者負担と表現しつつ用いていくこととしたい。また，この整理に基づき，

第2章　道路整備における受益者負担の考え方　　　　49

「受益者負担の対象」としては，「道路利用者（直接的受益者）」を，「受益」としては「（道路整備）費用」を，「負担」としては，「（『狭義（費用回収）の受益者負担』に含まれる租税に基づく）納税額」を，それぞれ用いることとする。

2.5　価格代替機能の適用に関する課題と解決策

　前節で提示した財源調達手法に関する枠組みに基づき，（狭義の）受益者負担を今後の道路整備において活用していくなかで，公共財たる道路に価格代替機能を持たせ，適用していくことが望まれるわけだが，適用上の問題も存在する。本節では，前節で提示した受益者負担の枠組みにおける「財源調達基準」の基礎として用いている，「租税の配分原則」における「利益説」に対して，「租税の配分原則」における「能力説」を支持する立場から指摘される3つの課題についてそれぞれ検討し，その解決策について簡単に述べる。

2.5.1　「受益」および「受益者」の特定の困難性

　第一の課題が，「受益」および「受益者」の特定が困難であるというものである。これは，公共財の「消費の非競合性」および「消費の非排除性」の両者に起因する課題である。すなわち，たとえば公園をつくったとき，その「直接的受益者」は公園の利用者といえるだろう。しかし，小規模な公園ならまだしも，大規模な公園で利用者をいちいち確認することは不可能に近い。また小規模な公園においても，利用者の確認のためだけに監視員等を配置することも非現実的である。そして公園の間接的受益者の把握が，直接的受益者（利用者）の把握以上に困難であることは言うまでもない。この問題は道路においても同様と言える。定期的に自動車の走行距離メーターを確認することで，当該道路利用者がどの程度道路サービスを利用したかは測定できるかもしれない。しかしながら，その道路利用者がどの道路をどのように利用したかを特定することは困難である。

　この「『受益』および『受益者』の特定の困難性」という課題の解決策としては，受益，受益者の特定化を容易にする工夫，仕組みが考えられる。たとえば，対象となる公共サービスが様々な性格の公共サービスが混在した複合的な

サービスであり，また当該公共サービスに関する受益者の特定化の程度も多様な場合，利益説を適用することが困難であることは明らかである。そのような状況下で有効な手段として考えられるものが「公共財の私的財化」の考え方である。言い換えるならば，「対象となる公共財を可能な限り細分化するまたは技術革新を活用することによって，個々の公共財ごとに受益および受益者を特定化する」考え方である。

すなわち，「消費の非競合性」の側面からは，公共財を細分化することで，競合的な一部の公共財を非競合的な公共財のなかから分離することが考えられる。たとえば，大規模な都市公園ではテニスコートなど競合的な運動施設等も存在する。また，国営昭和記念公園など一部の例外を除き，葛西臨海公園などほとんどの都市公園は，利用自体（公園内の散策等）を無料としている。この公園の利用自体は無料のままであったとしても，テニスコートなどに関しては別途有料で貸し出すことが考えられる。そうすることで，今まで公園利用者に含まれていたテニスコートの利用者が特定化され，受益者負担に基づいた利用料を徴収することが可能となる。このように，競合的な付属施設への受益者負担の適用を進めていくことで，その管理運営のアウトソーシングも可能になり，ひいては行政のスリム化，行政コストの削減にもつながると考えられる。

また，「消費の非排除性」の側面からは，公共財に排除性を持たせることが考えられる。この問題は，非排除性が主に技術的要因によって生じていることから来ている。たとえば一般道路は，無料開放の原則も規定されているが，その利用にあたってその都度料金を徴収することが事実上不可能，すなわち非排除性が強い公共財であり，実際も高速道路などの有料道路を除き，ほとんどの道路が無料開放されてきた。

しかし，近年発達してきた情報通信技術（ICT：Information Communication Technology）や高度道路情報システム（ITS：Intelligent Transport Systems），全地球測位システム（GPS：Global Positioning Systems）等を用いることで，道路利用者を特定化し，またその都度料金を徴収することも可能になってきている。たとえば，国土交通省の資料によれば，ITSのうち自動料金収受システム（ETC：Electronic Toll Collection）の利用率は，2007年10月以降，70％を上回るようになっている。受益者の特定は容易ではないことは言うまでもないが，

ICT や ITS の進展によって，その技術的な制約条件は低下しつつある。技術革新の活用によって，部分的にではあるが，公共財の供給時におけるただ乗り問題の解消が可能になりつつあるのである。

2.5.2 受益の量的測定の困難性

第二の課題が，受益の量的測定が困難であるというものである。「租税の配分原則」における「新利益説」では，その受益の程度を，「国家給付に対する主観的価値」に基づいて測定するとしている。そのため，政府が不完全な情報しか持ちえない状況の下では，受益の完全な量的測定ができないことは不可避である。道路法令研究会（1999）は，この課題を，道路法第61条における受益者負担金に関する規定の適用が運用上困難であることの理由に挙げている。

この「受益の量的測定の困難性」という課題は，公共財の提供に伴う「受益」を，各人の主観的価値に基づく便益，すなわち支払意思額によって測定する場合に顕著に表れる課題である。公共財の供給では「ただ乗り問題」の発生が不可避である。言い換えるならば，公共財の直接的受益者（利用者）に正直に便益額を申告してもらうのは難しい。顕在的ではない間接的受益者にいたっては，ほとんど不可能である。この課題に関しても，第一の課題と同様，より具体的な擬似的市場機構論の展開，たとえば，時間帯ごとにきめ細かく混雑料金を設定する電子的道路課金システム（ERP：Electronic Road Pricing）の導入などが可能となれば，それによって顕在化する需要を見ることで，受益者が当該公共財から受ける便益を試行錯誤的に推計することも可能となるだろう。そして，便益が推計できるならば，その範囲内で負担を課すことも可能となる。

なお，ここでの議論は，あくまでも公共財の供給市場における資源配分の適正化を念頭に置いた，広義の受益者負担に基づく財源調達に関する議論であることに注意する必要がある。前節で示したように，第一義的には，公共財の供給（道路の整備）に要した費用の回収を念頭に置いた，狭義の受益者負担に基づく財源調達を認識すべきと考えている。また，近年，公共事業に対して義務付けられつつある事業評価では，費用便益比が1.0を上回ることが必要条件とされており，費用回収に基づき，公共財の供給に要するすべての費用を受益者に求めたとしても，受益者の便益を上回ることはない。もちろん，公共財から

の利益の量的測定に供給費用を用いる最大の利点は，「受益」の推計の精度が高いことである。

2.5.3 所得再分配機能との両立の困難性

第三の課題が，所得再分配機能との両立が困難であるという問題である。たとえば，低所得者層に対する福祉政策を考えたとき，その受益者は明らかに福祉を受ける低所得者であり，第一の問題点で挙げられている受益および受益者の特定の困難性は生じない。また，当該福祉サービスによって向上した生活水準から，その受益の量的測定（第二の問題点）もそれほど困難ではないだろう。しかし，低所得者であるからこそ福祉政策を受けていることを考えると，当該福祉サービスに要した費用をすべて受益者である低所得者に求めることは好ましくないことは明らかである。

この「所得再分配機能との両立の困難性」という課題については，この議論の対象が何であるかを慎重に検討することが必要である。すなわち，上述した低所得者層に対する福祉政策等においては，明らかに受益者負担は政策の趣旨にそぐわず，その導入は好ましくない。しかしながら，本書の対象は公共財のなかでも交通関連社会資本である道路の整備であり，今後は所得再分配を目的とすることは難しいと思われる。過去において社会資本ストックの形成が所得再分配機能の面で果たした貢献，すなわち格差是正に果たした役割は大きかったことも事実であろう。それは地域間所得分配と投資の地域間配分指数に関連性があることからも示されている。たとえば，奥野（2001）は，公共投資の地域配分と地域間所得分配の不平等の関連性を指摘している。

地域間所得分配の不平等は，短期的には変動し，近年は上昇傾向にあるものの，長期的な視点から見れば，現在でもその不平等は1970年ごろまでの水準の半分程度であり，今後，地域間所得分配の不平等の是正余地は大きくはない。また，これまでの社会資本整備の進展の結果，社会資本ストックの限界的な所得増大効果は小さくなってきている。また，財政状態も年々悪化の一途を辿っている。このような環境の下では，所得再分配機能は，当面の間，道路をはじめとする交通関連社会資本整備の目的としえないと考える。

以上，受益者負担に基づく財源調達の導入によって期待される，公共財の供

第2章　道路整備における受益者負担の考え方　　　53

表2-2　価格代替機能の適用に関する課題と解決策

	内容	解決策
第一の課題	受益，受益者の特定が困難	公共財の私的財化
第二の課題	受益の量的測定が困難	受益を供給費用で測定
第三の課題	所得再分配機能と両立困難	社会資本整備に今後期待せず

給への価格代替機能の適用に関する課題とその解決策を示した。これらをまとめたものが表2-2である。

　これらの解決策に基づき，道路整備に対して狭義（費用回収）の受益者負担に基づく財源調達を導入することで，道路の供給における価格代替機能の発揮が期待されると考える。

2.6　ま と め

　本章では，「道路特定財源制度の基本理念である受益者負担について，その概念の明確化を図ること」という目的に基づき，受益者負担に対して理論的な側面から考察を加えた。

　2.2節で述べたように，理論的な観点からの特定財源制度と一般財源制度の比較からは，具体的な政策提言は導出できない。市民の意識も踏まえつつ，現実的に導入可能な財源制度を適用可能な公共財の供給に対して用いていくべきである。だからこそ，特定財源制度に基づいて租税を徴収するにあたっては，その基本理念である受益者負担について，明確な定義を市民に示し，適切な運用を図っていく必要がある。また，2.3節で示したように，公共財の供給にあたっては「ただ乗り問題」が生じるため，価格代替機能が発揮されるような財源制度が好ましい。

　2.4節で明らかにしたように，受益者負担は，これまで限定的か，あるいは不明確なかたちでしか定義されてきておらず，このことが受益者負担の考え方をめぐる混乱の要因となっていた。この問題に対して，道路整備の財源調達における受益者負担の考え方を整理したものが図2-3である。今後は図2-3で

示した明確かつ包括的な定義に基づいて，受益者負担を理解していく必要があると考える。

ただし，現実に目を転じてみると，受益者負担に基づく道路特定財源制度や有料道路制度が強い批判を受けている。これらのことからは，これまでかかげてきた受益者負担が不明確であったことのみならず，考え方としての受益者負担と現実の制度のなかで運用されている受益者負担の間に受益と負担の乖離の存在がうかがわれる。この問題の実態については，第3章および第4章において検討することとしたい。

第2部　道路整備財源制度の実態

第3章 車種間における費用と負担の実態

3.1 はじめに

　第2章では，道路整備における受益者負担の考え方を整理するとともに，受益（費用）と負担の乖離を示唆した。本章と第4章では，わが国の道路整備財源調達の実態を，地域と車種という2つの観点から明らかにする。

　車種ごとの費用の認識に関する最大の論点は，道路整備に帰属する費用をどのように車種ごとに負担させるかという問題である。ここで，ある道路を走行する車種が，乗用車と貨物車の2車種だとする。素朴な受益者負担の考え方に基づくならば，乗用車が走行するために必要な費用（費用責任額）は乗用車で負担すべきであり，また貨物車が走行するために必要な費用は貨物車で負担すべきである，との考え方が社会的な合意を得やすいと考えられる。ただし，これら車種ごとの費用責任額の合計が，当該道路の整備費用の合計と一致するとは限らない。実際には，乗用車にも貨物車にも帰属しない費用が存在している。

　以上の問題意識に基づき，本章では，次の3段階に分けて分析を行う。はじめに3.2節において，本章における議論の前提として，道路整備費用の概念を簡単に整理する。次に3.3節では，費用責任額の推定に関する第一の手法として，計量経済学的手法を用いて実態を把握し，現行の課税水準との比較を通じて課題を導出する。さらに3.4節では，費用責任額を推定する第二の手法として，コスト・アロケーション・スタディ的手法を用いた実態の把握を行い，3.3節と同様に現行の課税水準との比較および課題の導出を図る。以上の分析を通じて，車種単位での道路整備の費用と負担の実態を明らかにすることが，本章の目的である。

　なお，本章以降の実証分析では，基本的に道路整備の財源調達のうち，走行段階課税である燃料税を分析の対象とする。これは，燃料税が第2章で提起し

た狭義の受益者負担に含まれるため，本書で検討する対距離課金に最も類似する課税形態と考えられるためである。

3.2 道路整備における費用の概念

　一言で費用といっても，費用を捉える概念は多数存在する。基礎的な費用概念としても，機会費用か会計学的費用か，私的費用か社会的費用か，短期費用か長期費用か，など様々な観点が考えられる。したがって，本章で行う，道路整備における車種ごと（道路利用者ごと）の費用責任額の推定にあたっても，その基礎となる費用概念を明示した上で，分析を行う必要がある。

　ひとつの基礎的な費用概念として，生産量の観点から総費用を捉えた，限界費用および平均費用が考えられる。これらの費用は，計量経済学的手法を用いた，費用関数の推定を通じて明らかにすることができる。わが国では，公益事業や公共交通分野では，この種の費用の分析が行われているものの，道路整備における既存研究は見受けられない。ただし，海外では，Levinson, Gillen, Kanafani and Mathieu（1996）や Link, Dodgson, Maibach and Herry（1999），Ozbay, Bartin and Berechman（2004）など，参考とすべき先行研究が存在する。

　一方で，複数の財サービスを供給する市場を対象とする場合，それら財サービスの増減に関する観点から総費用を捉える，回避可能費用（いま供給している財サービスの生産を中止したときに削減できる費用）および共通費（供給している複数の財サービスのいずれにも帰着できない費用）が考えられる。また，道路は通常，複数の車種（乗用車，小型貨物車，普通貨物車など）が走行する市場であり，費用の帰属を検討する観点も重要である。帰属の観点に基づく費用の導出手法としては，道路の整備主体，管理主体の有する財務データを基礎とした，コスト・アロケーション・スタディ（費用配賦研究）が挙げられる。この種の費用の分析に関する既存研究としては，米国連邦政府による Highway Cost Allocation Study（HCAS）のほか，わが国の高速道路料金にラムゼイ価格形成を適用した山内（1987）がある。

　これら2つの考え方は，いずれも重要な示唆をあたえるものである。したが

って，本章では，両者に基づく分析をあわせて行うことを通じて，より有用な結果を導き出すこととしたい。

3.3 計量経済学的手法

3.3.1 計量経済学的手法の既存研究

第一の手法として，計量経済学的手法を考える。これは経済理論に基づき，費用を被説明変数とし，車種別走行台キロなどのアウトプット，要素価格およびネットワークなどを説明変数として，その費用関数を推定するというものである。この計量経済学的手法については，浅井（1999），浦上（2004）など，わが国でも近年，トランスログ型の費用関数を用いた分析が多く実施されるようになってきているが，その対象の多くは電力や水道，通信といった公益事業にとどまっている。

交通分野において，トランスログ型の費用関数を用いた分析としては，航空会社の費用構造を推定した遠藤（2001），民営化後のJR各社の費用構造を推定した須田，依田（2004），公営のバス事業の費用構造を推定した浦上（2003），田邉（2003）などがあるものの，道路整備の費用構造について費用関数の推定を行った既存研究は見受けられない。

その一方で，上述したように対数線形型の費用関数ではあるものの，費用，アウトプット，要素価格およびネットワークなどからなる変数を用いた道路整備の費用構造の推定を行っている研究もある。特にLevinson and Gillen（1998）は，推定した総費用関数から導出される限界費用関数および平均費用関数に実際の交通量水準をあてはめることで限界費用と平均費用を推定し，両者の比較を通じて乗用車の規模の不経済，単体トラックと連結トラックの規模の経済の存在を示唆している（表3-1）。表3-1の結果は，連結トラックの短期限界費用が乗用車および単体トラックの短期限界費用を上回っているなど，一部問題は見られるが，これまで不明確であった道路整備の規模の経済性を明らかにした点で意義深い。

表 3-1　Levinson and Gillen（1998）の推定結果

単位：ドル／台マイル

		乗用車	単体トラック	連結トラック
長期	限界費用	0.0188	0.0431	0.0514
	平均費用	0.0170	0.0630	0.1010
	平均費用／限界費用	0.92	1.45	1.96
	規模の経済性	規模の不経済	規模の経済	規模の経済
短期	限界費用	0.0055	0.0075	0.0003
	平均費用	0.0008	0.0298	0.0032
	平均費用／限界費用	0.14	3.97	10.67
	規模の経済性	規模の不経済	規模の経済	規模の経済

（出所）　Levinson and Gillen (1998).

3.3.2　道路整備における車種ごとの費用責任額の推定

(1)　道路整備の費用関数の推定

　本節では，上述した計量経済学的手法の概観を踏まえ，計量経済学的手法を用いた道路整備の費用関数の推定を行う。その上で，その推定結果を用いて，道路整備における車種ごとの費用責任額の推定を試みる。

　本節における分析の対象は，わが国の道路整備における1999年度（道路交通センサスの実施年度）の都道府県別データ（クロスセクションデータ）であり，またモデルとしては，経済理論に基づき，被説明変数に道路整備費用を，説明変数にアウトプット，ネットワークおよび要素価格をとる，対数線形型の費用関数を用いる。なお，符号条件はすべての係数において正である。以上の前提に基づくと，わが国における道路整備の短期の費用関数は式（3-1）のように表現することができる。

$$\ln(STC) = a_0 + a_1 \cdot \ln(Vk_a) + a_2 \cdot \ln(Vk_{st}) + a_3 \cdot \ln(Vk_{nt})$$
$$+ a_4 \cdot \ln(N) + a_5 \cdot \ln(P_k) + a_6 \cdot \ln(P_l) + a_7 \cdot \ln(P_m) \qquad (3-1)$$

　ここでは，説明変数であるアウトプット，ネットワークおよび要素価格として何を用いるかが論点として考えられる。この問題については，さまざまな考え方が想定できるが，本節では，道路は自動車が走行してはじめて付加価値を

第3章　車種間における費用と負担の実態　　　61

表3-2　変数の記述統計量（単純平均）と出所

	変数	単純平均	出所
STC	短期総費用 （初期投資＋維持管理費用：百万円）	113,778	『道路統計年報』
Vk_a	乗用車の走行台キロ（百万台km）	6,675	『平成11年度道路交通センサス』
Vk_{st}	小型貨物車の走行台キロ（百万台km）	1,748	『平成11年度道路交通センサス』
Vk_{nt}	普通貨物車の走行台キロ（百万台km）	1,184	『平成11年度道路交通センサス』
N	ネットワーク（千km）	3,871	『道路統計年報』
K	資本（地方債発行残高：百万円）	1,816,906	『地方財政統計年報』 『統計でみる県のすがた』
P_k	資本価格（公債費／地方債発行残高：％）	0.100	『地方財政統計年報』 『統計でみる県のすがた』
P_l	労働価格（職員給／職員数：千円／人）	7,395	『地方財政統計年報』 『地方公務員給与の実態』
P_m	原材料価格 （その他費用／車道面積：千円／km）	3,009,187	『地方財政統計年報』 『道路統計年報』

(注)　要素価格については，平均で基準化を行っている。

生じると考え，アウトプットの変数としては車種別走行台キロを，ネットワークの変数としては道路実延長を，要素価格としては道路整備にかかわる資本価格，労働価格，原材料価格を，それぞれ用いることとする。なお，この説明変数の選択は，上述した Levinson and Gillen (1998) とほぼ同様の形であり，その推定結果との比較も可能だと考える。

　本節の分析で用いるデータセットは表3-2に示すとおりである。なお，サンプルサイズは47（都道府県）である。

　上記のように，短期総費用としては，『道路統計年報』の都道府県ごとの道路整備費用を用いている。このことは，都道府県ごとに，平均化された1本の道路に平均的な交通量が存在していると仮定していることにほかならない。もちろん実際には，各都道府県においてさまざまな車線数の道路が多数あり，すべての道路において最適なサービス供給がなされているわけではないが，推定に用いる統計データの制約によるものであり，この点に留意が必要である。

　式(3-2)が，上記のデータセットを用いて，わが国における道路整備の短期の費用関数の推定を行った結果である。式(3-2)に示される費用関数の推定結果は，ほぼすべての変数において符号条件を満たし，また決定係数も高い

ものの，t値が低い係数も複数存在する。この最大の要因としては，本モデルでは除去が困難な車種別走行台キロ間の相関性などが考えられる。

$$\ln(STC) = 7.203 + 0.292 \cdot \ln(Vk_a) + 0.140 \cdot \ln(Vk_{st}) + 0.006 \cdot \ln(Vk_{nt})$$
$$\quad (13.178) \quad\quad (2.117) \quad\quad\quad (1.092) \quad\quad (0.076)$$
$$+ 0.599 \cdot \ln(N) + 0.141 \cdot \ln(P_k) + 0.327 \cdot \ln(P_l) + 0.951 \cdot \ln(P_m) \quad (3-2)$$
$$\quad (8.598) \quad\quad\quad (1.023) \quad\quad\quad (0.745) \quad\quad\quad (15.157)$$

$$\overline{R}^2 = 0.968$$

(2) 車種ごとの限界費用と平均費用の推定

次に，式（3-2）に示される道路整備について推定された費用関数の推定結果を基に，車種別の限界費用の推定を行う。まず，式（3-2）を指数関数の形状に変形し，式（3-3）を導出する。

$$STC = 1{,}344.04 \cdot Vk_a^{0.292} \cdot Vk_{st}^{0.140} \cdot Vk_{nt}^{0.006} \cdot N^{0.599} \cdot P_k^{0.141} \cdot P_l^{0.327} \cdot P_m^{0.951} \quad (3-3)$$

その上で，車種ごとにそれぞれの走行台キロ変数で微分し，変数に実数値を代入することにより，車種ごとの短期限界費用を推定する（式（3-4）〜式（3-6））。

・乗用車の短期限界費用

$$SMC_a = 1{,}344.04 \cdot 0.292 \cdot Vk_a^{-0.708} \cdot Vk_{st}^{0.140} \cdot Vk_{nt}^{0.006}$$
$$\cdot N^{0.599} \cdot P_k^{0.141} \cdot P_l^{0.327} \cdot P_m^{0.951} \quad\quad (3-4)$$

・小型貨物車の短期限界費用

$$SMC_{st} = 1{,}344.04 \cdot 0.140 \cdot Vk_a^{0.292} \cdot Vk_{st}^{-0.860} \cdot Vk_{nt}^{0.006}$$
$$\cdot N^{0.599} \cdot P_k^{0.141} \cdot P_l^{0.327} \cdot P_m^{0.951} \quad\quad (3-5)$$

・普通貨物車の短期限界費用：

$$SMC_{nt} = 1{,}344.04 \cdot 0.006 \cdot Vk_a^{0.292} \cdot Vk_{st}^{0.140} \cdot Vk_{nt}^{-0.994}$$
$$\cdot N^{0.599} \cdot P_k^{0.141} \cdot P_l^{0.327} \cdot P_m^{0.951} \quad\quad (3-6)$$

第3章　車種間における費用と負担の実態　　　63

　また，式(3-4)～式(3-6)と同様，式(3-2)を指数関数の形状に変形した上で，導出対象の走行台キロ変数のみ，実数値と微小な実数（たとえば1）を代入した際の差分をとり，実数値で除することで，増分費用的に平均費用を推定することができる（Levinson, Gillen, Kanafani and Mathieu (1996)）。詳しくは式(3-7)～式(3-9)に示されるとおりである。

　・乗用車の短期平均費用

$$SAC_a = 1,344.04 \cdot (Vk_a^{0.292} - 1^{0.292}) \cdot Vk_{st}^{0.140} \cdot Vk_{nt}^{0.006}$$
$$\cdot N^{0.599} \cdot P_k^{0.141} \cdot P_l^{0.327} \cdot P_m^{0.951} / Vk_a \qquad (3-7)$$

　・小型貨物車の短期平均費用

$$SAC_{st} = 1,344.04 \cdot Vk_a^{0.292} \cdot (Vk_{st}^{0.140} - 1^{0.140}) \cdot Vk_{nt}^{0.006}$$
$$\cdot N^{0.599} \cdot P_k^{0.141} \cdot P_l^{0.327} \cdot P_m^{0.951} / Vk_{st} \qquad (3-8)$$

　・普通貨物車の短期平均費用

$$SAC_{nt} = 1,344.04 \cdot Vk_a^{0.292} \cdot Vk_{st}^{0.140} \cdot (Vk_{nt}^{0.006} - 1^{0.006})$$
$$\cdot N^{0.599} \cdot P_k^{0.141} \cdot P_l^{0.327} \cdot P_m^{0.951} / Vk_{nt} \qquad (3-9)$$

(3)　道路整備における規模の経済性

　式(3-4)～式(3-9)から得られる車種ごとの短期限界費用および短期平均費用と，現行の燃料課税水準（負担）を比較したものが表3-3である。素朴な受益者負担の考え方に基づくならば，少なくとも，自動車の走行によって生じた費用責任額（表3-3で示される車種別の限界費用）は走行に関する負担でまかなわれるべきと考えられる。この考え方からは，「少なくとも，車種ごとの限界費用は道路利用に直接的に関連する車種ごとの燃料税からの税収でまかなう。また，それ以外の費用については，燃料税以外の自動車関係諸税からの税収および投入される一般財源によってまかない，さらに不足する場合は，車種ごとの燃料税からの税収でまかなう」という財源調達が考えられる。なお，このとき，燃料税以外の自動車関係諸税は，車種間の費用と負担の関係を考慮して課せられていると仮定する。

64　　　　　　　　　　第2部　道路整備財源制度の実態

表3-3　道路整備における車種ごとの限界費用（推定値）と規模の経済性

単位：円/台km（限界費用および平均費用）

		乗用車	小型貨物車	普通貨物車
費用責任額	短期限界費用	5.191	8.937	0.679[注]
	短期平均費用	16.326	40.997	4.464
平均費用/限界費用		3.145	4.587	6.576
規模の経済性		規模の経済	規模の経済	規模の経済
負担（現行燃料課税水準）		6.456	6.356	8.105

(注)　普通貨物車は極めて*t*値が低い。また，表中の数値は道路における全国平均値であ
る。また，現行燃料課税水準は，『平成11年度道路交通センサス一般交通量調査基
本集計表』，運輸省運輸政策局情報管理部（2000）『自動車輸送統計年報（平成11年
度)』および国土交通省道路局監修（2003）『道路行政（平成14年度)』を基に，味
水（2004a）が推定した数値である。

　この財源調達の観点から表3-3に示される車種別の限界費用の推定値を評
価する場合，乗用車では過大な負担が存在している一方で，小型貨物車では過
小な負担が生じていることが読みとれる。

　また，表3-3からは，車種ごとの短期限界費用と短期平均費用の比較を通
じて，車種ごとの規模の経済性の判定が可能である。表3-3に示される推定
結果からは，すべての車種において規模の経済性の存在が確認できる。この推
定結果は，米国における道路整備の費用構造について，乗用車の規模の不経済
を示したLevinson and Gillen（1998）の推定結果（表3-1）と異なる結果であ
るが，日米の道路整備環境の差異が要因として考えられる。また，すべての車
種において規模の経済が存在しているとの結果は，混雑費用が未考慮であるこ
とにも影響を受けていると考えられる。これらの点について，今後検討が必要
と考えられる。

3.4　コスト・アロケーション・スタディ的手法

3.4.1　コスト・アロケーション・スタディ的手法の既存研究

　3.3節で示した計量経済学的手法に基づく推定結果は，規模の経済性に関す
る検討など，政策的にも重要な知見を与えるものの，計量分析上の問題点も内
包している。これに対して，第二の手法であるコスト・アロケーション・スタ

第3章 車種間における費用と負担の実態　　65

ディ的手法については，過去数十年にわたる研究の蓄積が存在しており，ある程度精度の高い分析が可能である。その代表的な既存研究としては，米国連邦政府による HCAS が挙げられる。

　1961年以降，1982年，1997年と3度にわたって実施されてきた HCAS では，Federal Highway Administration（1982）や U.S. Department of Transportation（1997）にも示されているように，基本理念として機会費用アプローチを明確にかかげた上で，建設時代（1960年代）は増分費用法に基づき，また維持管理時代（1980年代以降）に入っていくにつれて損傷原因者負担方式にシフトするなど，状況に応じて費用配賦方法を変更しつつ，経済理論（限界費用価格形成）との整合性を追求してきている。なお，山内（1987）や Small, Winston, and Evans（1989）などの既存研究でも言及されているように，この費用配賦方法の変更の背景としては，道路の建設時代から維持管理時代へという整備段階の変化があると考えられる。そして HCAS は，主に車種，（軸重を考慮した）重量および地域ごとに分類された道路利用者ごとの費用責任額（Cost Responsibility）を明確にすることで，道路利用者間の公平性を達成しつつ，道路整備の財源調達を円滑に行うための費用負担のあり方を示すことを目的としている。たとえば，U.S. Department of Transportation（1997）では，費用責任額の推定値を示した上で，代替的な6種類の課税政策案とそれらが道路利用者間の公平性に与える影響を列挙している。実際，前回（1982年）の HCAS 後には，HCAS の結果を反映した，連邦燃料税とトラック重量税の引き上げが行われている。ただし，引き上げ後の水準も限界費用に満たないとの批判もある（Small and Winston（1986））。

　また，わが国においても，高速道路を対象とした既存研究（山内（1987））が存在する。以下では，これらの既存研究を基に，わが国の道路整備にコスト・アロケーション・スタディ的手法を適用することで，車種ごとの費用責任額の推定を行う。

3.4.2　道路整備における車種ごとの費用責任額の推定

（1）道路整備における車種間の費用配賦基準の設定

　本節でも，前節同様，1999年度の都道府県別データを用いて，都道府県別の

道路整備における車種ごとの費用責任額の推定を行う。コスト・アロケーション・スタディ的手法における作業は，膨大なデータとプログラムに基づくものであるが，必要な配賦基準等について U.S. Department of Transportation (1997) や山内（1987）の推定値を援用することで，簡単な推定であればわが国の道路整備費用への適用も可能だと考える。本節では，コスト・アロケーション・スタディ的手法に基づき，入手可能な統計資料から車種別の回避可能費用および共通費を推定する。

推定作業は，「道路整備における車種間の費用配賦基準の設定（第一段階）」と「道路における車種間費用配賦の実施（第二段階）」の2段階に分けられる。

まず，第一段階の「道路整備における車種間の費用配賦基準の設定」について検討する。この第一段階は，「道路整備費用の初期建設費と維持管理費への区分」と「区分された費用の車種別回避可能費用と共通費への配賦基準の設定」という2つの作業から構成される。

第一の作業の「道路整備費用の初期投資費と維持管理費への区分」について，道路整備の費用に関する入手可能な統計資料としては，前節でも用いた『道路統計年報』がある。『道路統計年報』において，費用は工種別に9分類されているが，『道路統計年報』における工種分類の説明に基づき，上記の9工種のうち，「道路改良」「橋梁整備」「舗装新設」の3工種を初期投資費，「橋梁補修」「舗装補修」「その他修繕」「維持」「調査」および「その他」の6工種を維持管理費とする。

次に，第二の作業の「区分された費用の車種別回避可能費用と共通費への配賦基準の設定」について，わが国の道路における公的な配賦基準の数値は存在しないため，何らかのデータを援用する必要が生じる。この問題について，本節では，以下の2種類の既存研究データを援用する。

1）U.S. Department of Transportation（1997）の推定値の援用

米国の HCAS 最新版の推定値である，U.S. Department of Transportation (1997) の推定値は，表3-4に示されるとおりである。ただし，総回避可能費用と共通費の配賦基準は提示されていないため，別途，他のデータの援用が必要である。

第3章　車種間における費用と負担の実態　　　67

表3-4　U.S. Department of Transportation（1997）における車種別の費用責任額

単位：ドル／台マイル

	乗用車	バン	バス	全旅客車両	普通単体トラック	重量単体トラック
新規舗装に関する費用責任額	0.05	0.05	0.28	0.05	0.2	0.66
	(1.00)	(1.00)	(5.60)	(1.00)	(4.00)	(13.20)
再舗装に関する費用責任額	0.063	0.075	1.203	0.069	0.758	3.291
	(1.00)	(1.19)	(19.10)	(1.10)	(12.03)	(52.24)

(注)　25,000ポンド≒11.3トン。カッコ内の数値は、乗用車を1.00としたときの相対比率を意味する。なお、
　　　普通単体トラックの重量は2.5万ポンド以下、重量単体トラックの重量は2.5万ポンド〜5.0万ポンド
　　　である。
(出所)　U.S. Department of Transportation（1997）Table V-5, Table V-9から一部抜粋。筆者加筆。

2）山内（1987）の推定値の援用

わが国の道路（高速道路）を対象とした唯一の推定値である，山内（1987）の推定値は，表3-5に示されるとおりである。山内（1987）では，総回避可能費用と共通費の配賦基準も示されている。ただし，あくまでも1987年時点の高速道路を対象とした推定値であることに留意が必要である。

表3-4および表3-5に示される，車種別の費用責任額の車種間における相対比率に基づき，総回避可能費用の各車種への配賦基準として，本節では表3-6に示す配賦基準を用いる。すなわち，総回避可能費用を，表3-6に示さ

表3-5　山内（1987）における車種別の費用責任額

	普通車	大型車	特大車
走行台キロ（台km）	13,705	4,425	445
固有維持費用（円／台km）	0.330 (1.00)	2.211 (6.70)	2.411 (7.31)
固有施設費用（円／台km）	3.103 (1.00)	5.581 (1.80)	8.411 (2.71)
回避可能費用（円／台km）	3.433 (1.00)	7.792 (2.27)	10.822 (3.15)
総回避可能費用（百万円）	86,338 (53%)		
共通費（百万円）	76,695 (47%)		
総費用（百万円）	163,033		

(注)　カッコ内の数値は，乗用車を1.00としたときの車種ごとの相対比率を意味する。
(出所)　山内（1987）の表2に筆者加筆。

表3-6　総回避可能費用の車種間配賦基準（設定値）

費用配賦基準	費用分類	乗用車	小型貨物車	普通貨物車
U.S. DOT (1997)	初期投資費	1.00	1.00	4.00
	維持管理費	1.00	1.19	12.03
山内 (1987)	初期投資費	1.00	1.00	1.80
	維持管理費	1.00	1.10	6.70

れる配賦基準に基づいて重み付けされた走行台キロによって割ることで，車種ごとの1台km当たりの回避可能費用を推定する。

　なお，総回避可能費用と共通費の比率は，表3-5に示される山内（1987）のデータ（総回避可能費用：53%，共通費：47%）を用いる。

(2)　車種別費用責任額の推定結果

　次に，第二段階として，「道路における車種間費用配賦の実施」を行う。費用データとしては『道路統計年報（平成11年度)』を，走行台キロデータとしては『平成11年度道路交通センサス一般交通量調査基本集計表』を，それぞれ用いている。なお，道路種別（一般国道，主要地方道，一般都道府県道），車種区分（乗用車，小型貨物車，普通貨物車）は前節と同様である。

　上記の前提条件に基づく車種別回避可能費用の推定結果は表3-7に示されるとおりである。総回避可能費用の各車種への配賦基準の違いにより，乗用車および小型貨物車においては，U.S. Department of Transportation（1997）基準の数値が山内（1987）基準の数値よりも低く，また普通貨物車においては，U.S. Department of Transportation（1997）基準の数値が山内（1987）基準の数値よりも高い。

　また，前節と同様，素朴な受益者負担の考え方に基づくならば，少なくとも，自動車の走行によって生じた費用責任額（表3-7で示される車種別の回避可能費用）は走行にかかわる負担でまかなわれるべきと考えられる。この考え方からは，「少なくとも，車種ごとの回避可能費用は道路利用に直接的に関連する車種ごとの燃料税からの税収でまかなう。また，それ以外の費用については，燃料税以外の自動車関係諸税からの税収および投入される一般財源によってま

第3章　車種間における費用と負担の実態　　69

表3-7　道路整備における車種別の回避可能費用（推定値）

単位：円／台km

費用配賦基準		費用分類	乗用車	小型貨物車	普通貨物車
費用責任額	U.S. Department of Transportation (1997)	初期投資費用分	4.982	5.214	18.729
		維持管理費用分	0.695	0.849	8.255
		計	5.677	6.063	26.985
	山内（1987）	初期投資費用分	6.125	6.374	10.572
		維持管理費用分	0.957	1.076	6.442
		計	7.082	7.450	17.014
負担	現行燃料課税水準		6.456	6.356	8.105

(注)　数値は全国平均値。このほかに共通費が6,705,054,382千円（総費用の47％）ある。また，現行燃料課税水準は，『平成11年度道路交通センサス一般交通量調査基本集計表』，『自動車輸送統計年報（平成11年度）』および『道路行政（平成14年度）』を基に，味水（2004a）が推定した数値である。

かない，さらに不足する場合は，車種ごとの燃料税からの税収でまかなう」という財源調達が考えられる。なお，前節と同様，燃料税以外の自動車関係諸税は，車種間の費用と負担の関係を考慮して課せられていると仮定している。

この財源調達の観点から表3-7に示される車種別の回避可能費用の推定値をみるとき，次のことが読み取れる。第一に，U.S. Department of Transportation (1997) の配賦基準を用いる場合，乗用車，小型貨物車において，最低限の費用責任額（回避可能費用）に比べ現行燃料課税水準がやや高く，若干の過大負担が生じている一方で，普通貨物車では大幅な過小負担が生じている。第二に，山内（1987）の配賦基準を用いる場合，全国平均ではすべての車種において負担が費用責任額に比べ過小になっている。

さらに，U.S. Department of Transportation (1997) および山内（1987）の配賦基準を用いて，現行燃料課税水準に対する車種別の回避可能費用の比率を，都道府県ごとの道路種別ごとに示した結果が図3-1および図3-2である。図3-1および図3-2の観察からは，表3-7に示される全国平均値とは異なり，車種ごとの費用負担比が都道府県ごとに大きく異なっていることがわかる。また道路種別ごとに見たとき，都道府県間の全体的な傾向は変わらないものの，普通貨物車においては，全道路種別において過小負担であること，それに対し乗用車においては，一般国道では過大負担，主要地方道ではほぼ適正負担，一

第2部　道路整備財源制度の実態

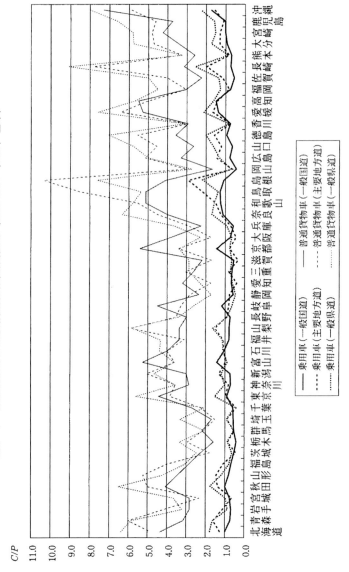

図3-1　都道府県ごとの道路種別別費用負担比（U.S. DOT (1997) 基準）

(注) 数値は「都道府県別道路種類別ごとの車種別使用状況額（加速可能使用：C)」/「負担（現行燃料課税水準：P）」を表している。最低限の燃料税負担額と比べたとき、C/Pが1.0を下回るとき、C/Pが1.0を下回ると過大負担を、C/Pが1.0を上回ると過小負担を、それぞれ意味する。

第3章　車種間における費用と負担の実態

図3-2　都道府県ごとの道路種別別費用負担比（山内（1987）基準）

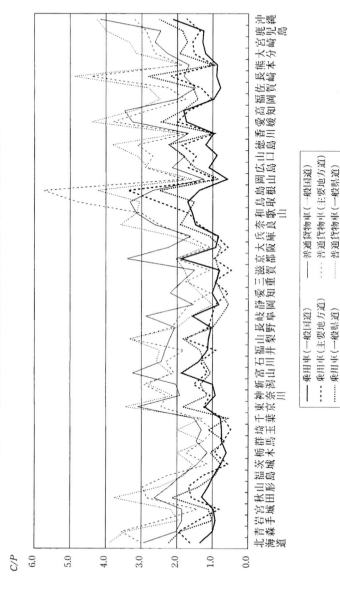

(注)　数値は「都道府県別道路種別ごとの車種別道路費用（＝回避可能費用：C）」／「負担（現行燃料課税水準：P）」を表している。最低限の役用費負担額と比べるとき、C/Pが1.0を下回ると過大負担、C/Pが1.0を上回ると過小負担、それぞれ意味する。

般都道府県道では過小負担であることが，それぞれ読み取れる。なお，小型貨物車についても乗用車と同様の傾向となっている。

3.5 ま と め

　本章では，車種ごとの道路整備における費用と負担の実態を明らかにすることを目的として，計量経済学的手法とコスト・アロケーション・スタディ的手法を用いて，道路整備における車種ごとの費用責任額の推定を行った。その推定結果から，次の知見を得た。

　第一に，走行段階における道路利用者の費用責任額（計量経済学的手法：限界費用，コスト・アロケーション・スタディ的手法：回避可能費用）と現行の課税（燃料税）水準との比較を通じた，車種間の費用と負担の一致度合いに関する不均衡を明らかにした。すなわち，コスト・アロケーション・スタディ的手法からは，全国平均でみたとき，U.S. Department of Transportation（1997）の配賦基準を用いる場合，乗用車および小型貨物車において，最低限の費用責任額（回避可能費用）に比べ現行燃料課税水準がやや高く，若干の過大負担が生じている一方で，普通貨物車では大幅な過小負担が生じていること，また山内（1987）の配賦基準を用いる場合，すべての車種において過小負担であることを明らかにした。さらに，都道府県間の比較においても費用と負担の大きな乖離が生じていることが，また道路種別ごとの比較では，乗用車および小型貨物車においては，一般国道では過大負担，主要地方道ではほぼ適正負担，一般都道府県道では過小負担であること，それに対し普通貨物車においては，すべての道路種別において過小負担であることが，それぞれ明らかになった。

　第二に，計量経済学的手法からは，すべての車種における規模の経済性が示唆される結果を得た。混雑費用の未考慮など分析上のさまざまな課題は残されているものの，これまで不明確であった，わが国の道路整備における車種ごとの費用責任額を推定し，また車種ごとの費用責任額と負担（現行の燃料課税水準）の乖離，道路整備における規模の経済性の存在を明らかにしたことは，今後の道路整備の費用と負担に関する議論に資すると考える。

　第7章では，本章での整理に基づき，車種間の費用と負担の一致を通じたイ

ンフラ費用回収の最適化，すなわちどのような水準の負担を車種ごとに求める
ことが社会的余剰を最大化するか，について考察を加えることとしたい。

第4章　地域間における費用と負担の実態

4.1　はじめに

本章では，車種間の観点から道路整備における費用と負担の実態を明らかにした第3章に引き続き，地域間の観点から，実証分析を通じてわが国の道路整備における費用と負担の実態を明らかにする。

地域の単位を都道府県としたとき，論点は，道路整備の費用を各都道府県にどのように配賦するかである。素朴な受益者負担の考え方に基づくならば，都道府県ごとの「投資額」を「費用」として，また都道府県ごとの「納税額」を「負担」として，それぞれ用いることが考えられる。それによって，受益者負担の考え方に基づく，都道府県ごとの道路整備における費用と負担の実態を明らかにすることが可能となる。

以上の問題意識に基づき，本章では，はじめに4.2節において，費用と負担の推定にあたっての前提条件を整理する。次に4.3節では，この前提条件に基づき，都道府県ごとの道路整備の費用と負担の状況を時系列で明らかにするとともに，その特徴を整理する。また，都道府県ごとの道路整備における費用と負担に関する仮説を提示するとともに，上記の推定結果を用いた検証を行う。以上の分析を通して，都道府県ごとの道路整備の費用と負担の実態を明らかにすることが，本章の目的である。

4.2　費用と負担の推定に関する前提条件

4.2.1　分析対象

（1）分析対象道路

わが国の道路は，一般道路と有料道路の2種類からなる。本章では，このう

ち，一般国道，主要地方道，一般都道府県道および市町村道から構成される一般道路を分析対象とする。

(2) 政府

一般道路の整備，財源調達の主体としての政府は，国（国土交通省または旧建設省，旧運輸省，旧国土庁，旧北海道開発庁および旧沖縄開発庁）と都道府県および市町村の3主体が存在する。なお，本章では，都道府県を単位として分析を行うため，都道府県と市町村の間の資金の流れは捉える必要がない。したがって，都道府県の支出・収入と当該都道府県に属する市町村の支出・収入は合算した上で分析を行う。

(3) 分析実施年度

本章における分析実施年度としては，1974年度，1980年度，1983年度，1985年度，1988年度，1990年度，1994年度，1997年度，1999年度の9カ年度を取り上げる。この分析実施年度は，沖縄の本土復帰後，走行台キロデータである『道路交通センサス一般交通量調査（以下，道路交通センサス）』が47都道府県を対象として行われ，かつ都道府県ごとの調査結果が一般に公表されている年度である。なお，費用データである『道路統計年報』は毎年公表されている。

4.2.2 分析対象としての費用と負担

(1) 費用

上述したように，本章の費用と負担の推定においては，「費用」として「当該都道府県において実際に一般道路に充てられた投資額」を用いる。費用データは，『道路統計年報』に基づき，国土交通省（旧建設省）所管の道路・都市計画街路事業費を用いている。したがって，他の省庁所管の事業費，すなわち失業対策事業費や防衛施設関連事業費，原子力施設周辺環境整備事業費等は含んでいない。一例として，1999年度の都道府県別の費用データを示す（表4-1）。

76　　　　　　　　第2部　道路整備財源制度の実態

表4-1　道路・都市計画街路事業費（1999年度）

（単位：百万円）

都道府県	一般国道	主要地方道	一般都道府県道	市町村道	合計
北海道	377,280	128,395	140,774	267,497	913,946
青森県	49,702	44,565	32,928	43,659	170,854
岩手県	62,984	30,376	19,508	63,725	176,593
宮城県	73,329	34,391	17,155	83,586	208,461
秋田県	75,570	34,320	20,865	44,311	175,066
山形県	67,600	37,432	25,912	53,804	184,748
福島県	84,117	45,148	22,342	75,884	227,491
茨城県	79,412	37,966	31,837	81,095	230,310
栃木県	44,610	45,176	27,541	64,992	182,319
群馬県	39,910	32,191	17,331	57,268	146,700
埼玉県	81,774	37,799	52,699	157,918	330,190
千葉県	103,804	46,439	17,922	125,643	293,808
東京都	76,115	152,704	134,912	180,491	544,222
神奈川県	101,437	75,220	28,121	126,670	331,448
新潟県	110,354	62,561	41,348	85,325	299,588
富山県	57,769	32,882	16,136	32,102	138,889
石川県	44,804	37,511	19,237	49,327	150,879
福井県	39,587	12,481	21,178	19,345	92,591
山梨県	39,188	26,992	17,281	20,080	103,541
長野県	89,948	38,633	31,826	91,724	252,131
岐阜県	123,002	45,908	26,132	58,572	253,614
静岡県	91,244	39,175	24,272	120,578	275,269
愛知県	132,922	57,018	63,921	162,784	416,645
三重県	76,411	28,455	22,604	46,750	174,220
滋賀県	34,159	11,424	17,561	31,723	94,867
京都府	105,261	30,589	14,624	51,928	202,402
大阪府	85,365	65,578	23,319	171,685	345,947
兵庫県	107,704	53,155	44,900	210,819	416,578
奈良県	64,734	20,586	16,967	41,200	143,487
和歌山県	54,984	27,462	19,007	30,002	131,455

第 4 章　地域間における費用と負担の実態　　　77

表 4 - 1　つづき

(単位：百万円)

都道府県	一般国道	主要地方道	一般都道府県道	市町村道	合計
鳥取県	50,602	25,629	17,994	15,832	110,057
島根県	57,221	41,471	27,824	37,987	164,503
岡山県	40,546	33,754	20,715	54,986	150,001
広島県	99,723	64,972	36,167	68,863	269,725
山口県	57,422	36,863	34,740	40,769	169,794
徳島県	35,761	36,494	20,174	21,980	114,409
香川県	23,386	21,504	15,374	27,388	87,652
愛媛県	92,311	42,839	37,132	39,798	212,080
高知県	64,299	19,902	15,898	34,072	134,171
福岡県	91,561	66,282	61,120	150,967	369,930
佐賀県	29,443	22,528	16,213	27,187	95,371
長崎県	45,923	31,895	26,643	48,002	152,463
熊本県	57,567	23,507	20,056	41,853	142,983
大分県	62,776	27,863	34,432	40,903	165,974
宮崎県	58,638	32,718	19,283	49,281	159,920
鹿児島県	65,238	42,159	39,404	77,203	224,004
沖縄県	76,977	26,889	34,973	57,434	196,273
合計	3,584,474	1,969,801	1,488,302	3,484,992	10,527,569

(注)　数値は国と地方による負担の合計額。なお，道路・都市計画街路事業の総事業費のうち，その他の主
　　　体の負担事業費は除いている。
(出所)　国土交通省道路局監修 (2001)『道路統計年報2001』に基づき作成

（2） 負担

上述したように，本章の費用と負担の推定においては，「負担」として「当該都道府県における一般道路に対して納税された額」を用いる。

ただし，ここで，「当該都道府県における一般道路に対して納税された額」は「当該都道府県において納税された額」と異なることに留意が必要である。たとえば，現行の制度の下で，軽油引取税は，あるガソリンスタンドで給油された軽油の量に応じた税額が，そのガソリンスタンドの所在地の都道府県における税収額となっており，武田（1990）などでもこの税収額を用いた分析を行っている。ただし，もし軽油を購入した自動車がすぐに他の都道府県に移動し，一般道路を走行した場合，当該自動車の負担に対応した「費用」は，給油した都道府県とは異なる都道府県で生じていることとなる。すなわち，現行制度上の納税額を用いている限りにおいて，費用と負担の関係性は弱まる。この問題を解決するために，本章では，特に走行段階課税である燃料税について，走行の程度に基づき，都道府県間で配賦し，走行台キロに基づく修正を加えた「修正納税額」を「負担」として用いることとする。これは，国税の揮発油税や石油ガス税においても同様である。なお，燃料税をはじめとする，一般道路整備に関係する自動車関係諸税および純一般財源の配賦基準についてまとめたものが表4-2である。

なお，一例として1999年度の自動車関係諸税および純一般財源の種類および税収額を示す（表4-3）。

なお，表4-3の推計値は次のような仮定に基づいている。

1） 国の財源

・道路整備特別会計歳入のうち，「産業特別会計より受入額」，「地方公共団体工事費負担金収入額」および「償還金収入額」などは，国費の一般道路事業費，有料道路事業費との関係性が低いため，合計額から除く。

・上記の計算の残額を，一般道路事業費と有料道路事業費に按分する。

・上記の計算によって導き出された「国費の一般道路事業費」と「実際道路投資額（国分）」の差額分を補正する。

2） 地方の財源

・「地方道路譲与税」，「石油ガス譲与税」，「軽油引取税」，「自動車取得税」，

第4章　地域間における費用と負担の実態　　79

表4-2　自動車関係諸税および純一般財源の配賦基準

税目	基準	出所
揮発油税	都道府県別ガソリン車走行台キロ	道路交通センサス
石油ガス税	都道府県別LPG車走行台キロ	
自動車重量税	都道府県別保有自動車数[注1]	陸運統計要覧
純一般財源（国費）	都道府県には非配賦[注2]	道路交通経済要覧
地方道路譲与税	都道府県別ガソリン車走行台キロ	道路交通センサス
石油ガス譲与税	都道府県別LPG車走行台キロ	
軽油引取税	都道府県別ディーゼル車走行台キロ	
自動車取得税	都道府県別実収額[注2]	地方財政統計年報
自動車重量譲与税	実際の譲与基準（市町村道の延長と面積）に基づく都道府県別実収額[注2]	
自動車税	都道府県別実収額[注2]	
軽自動車税	都道府県別実収額[注2]	
都市計画税（道路分）	都道府県別実収額[注2]	
純一般財源（地方費）	都道府県別地方費不足額	なし

(注1)　都道府県別自動車重量別保有自動車数のデータが存在しないため。
(注2)　受益者負担に基づく合理的な基準が他に存在しないため。

「自動車重量譲与税」および「都市計画税（道路充当分)」の合計額と実際
道路投資額の差額は，地方税の一般財源でかつ自動車関係諸税である「自
動車税」および「軽自動車税」によってまかなわれていると仮定する。な
お，実際には上記の差額のほとんどが地方債の発行によりまかなわれてい
る。すなわち，上記の仮定は，地方債は発行しないとの仮定でもある。
・上記の差額のうち，「自動車税」および「軽自動車税収」によってまかな
　えない額を「純一般財源」として扱う。
・上記の仮定に基づき，地方費の有料道路事業はすべて一般財源からまかな
　われていると仮定し，事業額の修正は行わない。

(3)　予算ベースと決算ベース

「費用」および「負担」を把握する上で，重要な要素として，分析上用いる
「投資額」および「納税額」を予算ベースで認識するか，決算ベースで認識す

80　　　　　　　　　第2部　道路整備財源制度の実態

表4-3　「負担」を構成する税目の種類と税収額（1999年度）

(単位：百万円)

財源	税目等	種類	税収額（推定）
国	揮発油税	国／特／自	2,410,528
	石油ガス税	国／特／自	12,622
	自動車重量税	国／特（扱）／自	592,900
	純一般財源（国費）	国／一／非	646,664
	国費合計		3,662,714
地方	地方道路譲与税	譲／特／自	287,073
	石油ガス譲与税	譲／特／自	14,496
	軽油引取税	県／特／自	1,271,241
	自動車取得税	県／特／自	528,711
	自動車重量譲与税	譲／特／自	276,263
	自動車税	県／一／自	1,744,042
	軽自動車税	市／一／自	117,813
	都市計画税（道路充当分）	市／目／非	197,623
	純一般財源（地方費）	地／一／非	2,337,027
	地方費合計		6,774,289
合計			10,437,003

(注)　国：国税，譲：譲与税，県：都道府県税，市：市町村税，特：道路特定財源，
　　　一：一般財源，目：目的税，自：自動車関係諸税，非：非自動車関係諸税。
(出所)　『道路交通経済要覧（平成12年度）』，『地方財政統計年報（平成11年度）』，
　　　財務省主計局（2001）『一般会計決算参照書』，財務省主計局（2001）『特
　　　別会計決算参照書』などから推定。

るかという問題がある。

　本章における費用と負担の推定では，決算ベースを基準として用いることと
する。これは第一に，片山（2001）でも指摘されているように，予算額と決算
額の乖離問題によるものである。また第二に，『道路統計年報』に記載されて
いる「投資額」が決算ベースの数値であるというデータの制約によるものであ
る。

4.2.3　走行台キロ

(1)　道路交通センサス一般交通量調査

　上述したように，揮発油税，地方道路譲与税，石油ガス税，石油ガス譲与税，軽油引取税からなる燃料税の配賦基準としては，それぞれの税が該当する燃料ごとの都道府県別走行台キロを採用している。この走行台キロに関する数値は，『道路交通センサス一般交通量調査基本集計表』の数値に基づいている。

　この「道路交通センサス」は，道路の状況と断面交通量を調査する「一般交通量調査」と自動車の運行状況などを調査する「自動車起終点調査」などからなり，1948年以降，国土交通省（旧建設省）などによって実施されてきている。「道路交通センサス」のうち，本章における費用と負担の推定において用いている走行台キロデータは，「12時間観測」と「24時間観測」からなる「交通量調査」のデータである。

　「道路交通センサス一般交通量調査」は，1928年度から1958年度までは5年ごとに，1962年度から1980年度までは3年ごとに，それ以降は基本的に5年ごと，および中間年に実施されている。なお，1971年度以前は，沖縄県が調査対象に含まれていないなど，調査上の制約が大きいため，本章では，1974年度以降の9カ年度分を分析対象として取り上げる。

　当該9カ年度については，すべてにおいて，高速道路，一般国道，主要地方道および一般都道府県道が調査対象となっている。残される問題としては，1988年度調査までは調査日に休日が含まれていないことなどが挙げられるが，分析に大きな影響を与えるものではない。

(2)　平日・休日率

　上述したように，1988年度以前の5回の調査では休日の交通量調査がなされていないため，何らかの補正が必要となる。本章では，1990年度，1994年度，1997年度および1999年度の4回の調査における，交通量の「平日・休日率（平日走行台キロ／休日走行台キロ）」の平均値を用いて，それ以前の調査での休日の走行台キロを推定する。表4-4に示される結果から，1988年度以前の一般交通量調査における休日の走行台キロに関しては，平日の走行台キロの91.5%と仮定し，推定を行う。

82　　　　　第2部　道路整備財源制度の実態

表4-4　平日休日別走行台キロと平日・休日率（平日走行台キロ/休日走行台キロ）

年度	平日走行台キロ	休日走行台キロ	平日・休日率
1990年度	1,262,015（台キロ/日）	1,176,147（台キロ/日）	93.2%
1994年度	1,386,202（台キロ/日）	1,313,893（台キロ/日）	94.8%
1997年度	1,504,324（台キロ/日）	1,369,640（台キロ/日）	91.0%
1999年度	1,511,816（台キロ/日）	1,314,661（台キロ/日）	87.0%
平均			91.5%

(3)　使用燃料別走行台キロ

「道路交通センサス一般交通量調査」や『自動車輸送統計年報』には，車種別使用燃料別走行台キロデータは記載されていない。したがって，やや大胆ではあるものの，本章では，使用燃料について，「乗用車：ガソリン」，「小型貨物車，普通貨物車：軽油」と仮定し，分析を行うこととする。

(4)　総自動車走行台キロ

上述した「道路交通センサス一般交通量調査」の問題点として，市町村道が一部しか調査対象とされていないことが挙げられる。すなわち，都道府県ごとの市町村道の走行台キロデータは存在しない。このままでは燃料税収入の配賦が不完全となるため，何らかの仮定が必要となる。

この問題について，本章では，『陸運統計要覧』における総自動車走行台キロデータと「道路交通センサス一般交通量調査」における一般国道，主要地方道および一般都道府県道の走行台キロデータの合計の差分を市町村道走行台キロとみなすこととする。なお，走行台キロの各都道府県への配賦は，自動車重量譲与税の譲与基準である，市町村道の延長および面積に基づき行うこととする。

4.3　費用と負担の現状に関する推定結果

4.3.1　推定結果の分析枠組み

都道府県ごとの費用と負担の現状に関する推定結果は，「費用」と「負担」

第4章 地域間における費用と負担の実態　　83

の範囲の設定によって異なる。本章では，国が多くの税収を得て，国によって
配分される投資額によって都道府県間で費用と負担の乖離が発生しているとの
問題意識を踏まえ，国税収入および国の投資額を分析範囲として設定し，推定
を行う[1]。

4.3.2　推定結果の概要

　前節で示した前提条件に基づき，都道府県ごとの一般道路整備における費用
と負担の推定を行った。分析対象年度ごとの費用負担比の推定結果を図示した
ものが図4-1～図4-9である。

4.3.3　推定結果の評価

(1)　都道府県間における費用と負担の格差

　前節の推定結果の第一の特徴は，都道府県ごとの費用負担比に，都道府県間
で格差の存在が示唆されることである。すなわち，年度によって差はあるもの
の，分析期間に含まれるほとんどの年度において，費用が負担を超過している
（濃い色付きの）都道府県が存在している一方で，同じくほとんどの年度におい
て，負担が費用を超過している（薄い色付きまたは無色の）都道府県が存在して
いることがわかる。前者の特徴は，一般に地方部とされる都道府県に多く，後
者の特徴は，一般に都市部とされる都道府県に多い。この特徴から「都市部と
地方部の間で，費用と負担の格差が存在している」との仮説を提示する。

　この仮説について，本節では，都市部の費用負担比と地方部の費用負担比を
対象とした，「平均の差の検定」を行う。具体的には，第一に，「分散の同一性
の検定（F検定）」を行い，都市部の費用負担比と地方部の費用負担比が等分
散か否か（分散の同一性）を検証する。第二に，示された分散の同一性に基づ
き，「等分散（または異分散）と仮定した平均の差の検定（t検定）」を行い，都
市部の費用負担比の平均と地方部の費用負担比の平均の間に有意な差が存在す
るか否かを分析する。ここで都市部とは，いわゆる東京圏を管轄する国土交通

---

1)　このほかにも，地方税収入および地方の投資額も含めた範囲の分析なども考えられ，推定の目的
　に応じて枠組みを適切に選択することが重要である。地方部分も含めた範囲での推定結果および
　範囲の設定に関する整理の詳細については，味水（2005a）を参照されたい。

84　　第2部　道路整備財源制度の実態

図4-1　都道府県ごとの費用負担比(1974年度)　　図4-2　都道府県ごとの費用負担比(1980年度)

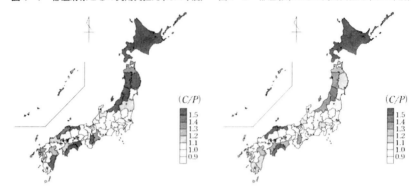

図4-3　都道府県ごとの費用負担比(1983年度)　　図4-4　都道府県ごとの費用負担比(1985年度)

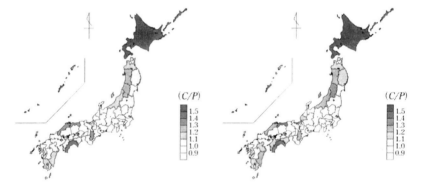

図4-5　都道府県ごとの費用負担比(1988年度)　　図4-6　都道府県ごとの費用負担比(1990年度)

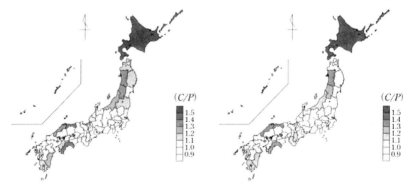

第4章 地域間における費用と負担の実態　　85

図4-7　都道府県ごとの費用負担比(1994年度)　　図4-8　都道府県ごとの費用負担比(1997年度)

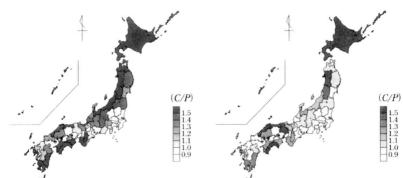

図4-9　都道府県ごとの費用負担比(1999年度)

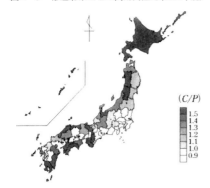

省関東地方整備局管内の9都県（茨城県，栃木県，群馬県，埼玉県，千葉県，東京都，神奈川県，山梨県，長野県），名古屋圏を管轄する国土交通省中部地方整備局管内の4県（岐阜県，静岡県，愛知県，三重県）および大阪圏を管轄する国土交通省近畿地方整備局管内の7府県（滋賀県，京都府，大阪府，兵庫県，奈良県，和歌山県，福井県）の計20都府県を意味し，地方部とは，それ以外の27道県を意味する。これらの都道府県について，分析対象9カ年度を対象に，分析を行うものである。

分析結果は表4-5に示すとおりである。「分散の同一性の検定（F検定）」からは，分析対象9カ年度すべてにおいて，都市部の20都道府県（都府県）における費用負担比の分散と地方部の27都道府県（道県）における費用負担比の

86 第2部 道路整備財源制度の実態

表4-5 都市部と地方部の「平均の差の検定」結果

年度	分散の同一性の検定（F検定）			平均の差の検定（t検定：異分散）			
	観測された分散比		F境界値（両側）	t		t境界値（両側）	自由度
1974年度	9.384	>	3.268	3.749	>	3.008	33
1980年度	8.713	>	3.268	3.361	>	3.002	34
1983年度	8.199	>	3.268	3.551	>	3.002	34
1985年度	7.226	>	3.268	3.609	>	2.996	35
1988年度	7.558	>	3.268	4.284	>	2.996	35
1990年度	5.769	>	3.268	4.227	>	2.985	37
1994年度	5.257	>	3.268	3.953	>	2.980	38
1997年度	5.375	>	3.268	3.342	>	2.985	37
1999年度	4.627	>	3.268	3.361	>	2.976	39
結果	すべての年度で帰無仮説を棄却			すべての年度で帰無仮説を棄却			

（注）　F検定，t検定ともに有意水準は1％（$p=0.01$）である。

分散が同一的であるとの帰無仮説が1％の有意水準で棄却された（$p=0.01$）。すなわち，都市部の都道府県（都府県）における費用負担比の分散と地方部の都道府県（道県）における費用負担比の分散は，異分散の関係にあることが有意に示された。この結果に基づき，次に実施した「異分散と仮定した平均の差の検定（t検定）」からは，都市部の20都道府県（都府県）における費用負担比の平均と地方部の27都道府県（道県）間における費用負担比の平均の間に差が存在しないという帰無仮説が1％の有意水準で棄却された（$p=0.01$）。すなわち，都市部の都道府県（都府県）における費用負担比の平均と地方部の都道府県（道県）における費用負担比の平均の間には，有意な差が存在することが立証された。このことは，都道府県単位での一般道路整備において受益者負担が徹底されてこなかったことを意味していると考えられる[2]。

なお，表4-6は，都市部，地方部別の基本統計量である。

---

2) ただし，この結果は，今後も費用負担の不均衡が続くことを意味するものではない。都市部における大規模プロジェクトの実施によって不均衡が是正される可能性も十分考えられる。より詳細な分析は，今後の課題である。

第 4 章　地域間における費用と負担の実態　　　　　87

表 4 - 6　都市部と地方部の基本統計量

年度	都市部		地方部	
	平均	分散	平均	分散
1974年度	0.906	0.055	1.459	0.514
1980年度	0.861	0.042	1.282	0.367
1983年度	0.743	0.041	1.170	0.336
1985年度	0.772	0.043	1.193	0.309
1988年度	0.750	0.032	1.187	0.238
1990年度	0.711	0.038	1.133	0.218
1994年度	1.096	0.098	1.709	0.517
1997年度	0.864	0.073	1.314	0.391
1999年度	1.012	0.126	1.573	0.583
構成都道府県数	20都府県		27道県	

(2)　費用と負担の推移

　前節の推定結果の第二の特徴は，都道府県ごとの費用負担比の推移である。1970年代から1980年代は費用が負担を超過している（濃い色付きの）都道府県の数が減少するとともに，色の濃さも全体的に薄くなってきている（図4 - 1～図4 - 5 ）。この現象は，費用と負担の極端な乖離が減ってきている表れであり，費用と負担の一致の観点からは好ましい傾向である。しかしながら，1990年代は濃い色付きで示される都道府県の数が増減を繰り返し，また色の濃さも濃淡の変化を繰り返している（図4 - 6～図4 - 9 ）。この現象は，費用と負担の乖離が増加している表れであり，費用と負担の一致の観点からは明らかに好ましくない。

　また，都道府県ごとの費用負担比の変化率の観察からは，1970年代から1980年代にかけて負担に対する費用の割合が増加した都道府県は 8 府県（群馬県，石川県，福井県，岐阜県，静岡県，京都府，和歌山県，鹿児島県）のみであるのに対して，1990年代では，すべての都道府県において負担に対する費用の割合が増加している。負担に対する費用の割合が増加すること自体の良否の判断は難しいが，少なくとも，1990年度時点で費用が負担を超過している19道県（北海

道，青森県，岩手県，秋田県，山形県，新潟県，富山県，石川県，奈良県，和歌山県，鳥取県，島根県，広島県，愛媛県，高知県，大分県，宮崎県，鹿児島県，沖縄県）における，負担に対する費用の割合の増加は，費用と負担の一致の観点からみて好ましくないと考えられる。

4.4 ま と め

　本章では，都道府県単位での道路整備における費用と負担の実態を明らかにすることを目的として分析を行った。

　具体的には，都道府県単位で，過去25年間（9カ年度）を対象とした実証分析を行った。その分析結果からは，都道府県間の費用と負担に有意な格差が存在すること，また都道府県ごとの費用と負担が，1970年代から1980年代にかけて一致の方向性にあったのに対して，1990年代には逆に乖離の方向性の下にあることが明らかとなった。これは，これまでの一般道路整備の財源調達において，都道府県間における費用と負担の一致が十分に図られておらず，また景気の動向によって費用と負担が乖離する傾向にさえあることを示していると考えられる。

　受益者負担の考え方から道路整備の財源調達を考えるにあたっては，第3章および本章で明らかとなった道路整備の費用と負担の実態を踏まえ，その乖離の解消に向けた施策の導入を図ることが重要だと考えられる。

　第8章では，本章での整理に基づき，地域間の費用と負担の一致を通じたインフラ費用回収の最適化，具体的には費用と負担の一致を図る地域の規模や地域間の運用に関する選択を通じて社会的余剰を最大化できる，受益者負担の適用の最適水準を導出することとしたい。

第5章　米国連邦道路予算における最低配分保証[1]

5.1　はじめに

　わが国では受益者負担の原則に基づき，道路利用者に対して道路整備を目的とした税を全国一律の税率で課している。しかし近年，便益を受ける者が負担するという受益者負担の原則に照らし，国にいったん集められた税収が地域にどれくらい配分されるか，という地域配分の問題がクローズアップされ政策論争となっている。

　米国においてもわが国と同様，国の道路整備目的の財源である道路信託基金があり，地域配分の公平性については長年にわたって論争となっている。州際高速道路網の完成が近づいた80年代初めから各州の同財源への繰入額のうち一定比率相当額の配分を保証する最低配分保証措置が導入されるなど，地域配分の構造が変化している。

　本章では，米国の最低配分保証措置は地域配分の公平性に寄与するものとして，わが国でも関心の集まるところであると考え，まず，この制度について紹介する。

　ところで，道路投資額の地域配分についての既往研究は少ないが，武田は，道路はネットワークとして整備されるものであることから，一つの規範的な配分のパターンのモデルとして次のような提案をしている。「全国的な幹線道路のネットワークの形成時代には，高需要の地域に道路整備のニーズが高く，そこから道路が整備され，徐々に低密度の地域に広がっていく。その結果，国の補助金の配分は，ネットワークの形成の初期には交通量の多い地域に多く配分

---

1)　本章は，「道路予算の最低配分保証による受益と負担」『高速道路と自動車』43巻12号（2000）を転載したものである。

され，後期には交通量の少ない地域に対して相対的に多くなる。しかし，ネットワーク形成が一通り終わって維持，補修，改築のウェイトが高まる保守の時代になれば，おのずから交通量が多いために渋滞や道路の損傷がひどい高密度地域——そこでは税収がより多く上がる——への税収の還元が多くなってしかるべきである。」（武田，1989a）すなわち，ネットワーク形成の初期段階では需要密度[2]の大きい地域に，後期には需要密度の小さい地域に，維持管理の時代には再び需要密度の大きい地域に国の補助金は多く配分されるという配分パターンの変化があることを主張している。時系列的に見ると，地域の税収と投資が概ね等しい時代，税収の多い地域から少ない地域への移転，再び地域の税収と投資が概ね等しい時代に戻るという推移になる（以下では「配分推移モデル」と呼ぶ）。

　一方，道路交通計画の見地からは，拠点連絡から説明される道路延長と人口密度から説明される道路整備単価を組み合わせたモデルが提案できる（以下では「投資需要モデル」と呼ぶ）。

　本章では，上記2つのモデルについて米国における道路信託基金の地域配分データを用いて実証的な適合性の検証を行い，本稿で提案した「投資需要モデル」の適合性が高いことを示す。この検証結果から全国一律の税率の下に地域で徴収した税額をそのまま地域の道路整備に投資すると投資額に過不足が生じることを確認する。ただし，ここでの検証では最近40年間という限られた期間のデータを扱っているため，データ上の制約が存在することは否めない。

　さらに，本章では，米国において最低配分保証措置を導入した後に州の燃料税に大きな変化があったことに触れ，国レベルの道路投資の地域配分と地方の道路関連税の関係について分析し，道路投資における受益と負担の構造について考察する。

---

2) ここで，需要密度とは，単位面積当たりの交通量（台キロ/km^2）等を想定している。

図5-1 連邦道路信託基金に繰り入れられる道路利用者税収の構成 (1998年度)

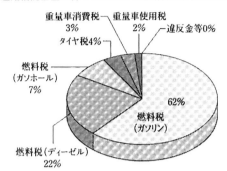

5.2 最低配分保証措置の仕組み

5.2.1 連邦道路信託基金 (Highway Trust Fund)

1956年,州際高速道路網の総延長の拡大,総額248億2500万ドルの連邦支出の授権額を定める連邦補助道路法[3]が制定された。同年,道路歳入法[4]が制定され,道路整備特別会計として道路信託基金が創設された。それまで一般財源に充当されていた連邦燃料税等の道路利用者諸税の税収のほとんどを道路特別会計に繰り入れ,交通の中長期計画における連邦補助事業の資金として運用することになった。同基金に繰り入れられる道路利用者諸税を図5-1に示す ("Highway Statistics", U.S. DOT, 1959-1998, "Financing Federal-Aid Higways", FHWA, 1992)。

5.2.2 連邦道路予算の執行プロセス

連邦道路予算の執行プロセスは次のようになっている ("Financing Federal-Aid Higways", FHWA, 1992)。

①交通に関する中長期計画(通常6カ年)の連邦補助事業に対する財政支出

---

3) Federal-aid Highway Act.
4) Highway Revenue Act.

を認可する法律が承認される。

②総支出額から研究費・事務管理費，都市圏交通計画活動に対する支出額が控除される。

③法に定められた配分式に基づき，事業ごとに各州への配分額が算定される。

④各事業の歳出計画書が承認され，連邦政府の債務負担が発生する。

⑤連邦政府は事業完了時において当該事業の債務を清算する。

上記のプロセスの③において各州への配分額が定められる。その算定方法については次節で説明する。

5.2.3　連邦道路予算の各州への配分と最低配分保証措置

(1)　配分プロセス

連邦道路予算は次のプロセスに従って配分される。

①連邦において事業ごとの予算額が定められる。

②事業ごとに配分式を用いて各州へ配分する概算額が算出される。

③各州において事業ごとの配分額を合計し，合計配分額を算出する。合計配分額について各州の全米に対する割合を計算し，これが道路信託基金の税収額に占める各州の繰入額の90.5%を下回らないように調整する。すなわち，90.5%を最低保証するように各州の合計配分額が設定される。ここで設定された調整前の額と調整後の額の差額を最低保証事業額とする。

④各州の合計配分額のうち，連邦の最低保証事業総額の28億ドルに相当する比率の額が，各州の陸上交通事業に再配分される。

⑤各州の配分総額（レクレーション道路，都市圏計画，優先度の高い事業を除く）の2%相当額が最低保証事業の配分額の中から州全体計画へ再配分される。

⑥残りは②で算定された各事業の概算額の割合を用いて州際道路維持，全国幹線道路網，陸上交通，橋梁整備・修繕，混雑緩和・大気質改善に再分配される。

上記のプロセスのうち，②の概算事業額の算定，③の最低配分保証措置を(2)，

第 5 章　米国連邦道路予算における最低配分保証　　　93

表 5 - 1　連邦補助事業の配分額の算定要素：21世紀の交通均等化法，1998年

事業名	要素	比重
州際道路維持	州際道路車線延長	1/3
	州際道路の走行台キロ	1/3
	道路特定財源へ繰り入れられる商用車を起源とする税の収入額の年間予算額	1/3
全国幹線道路網	（バージン諸島等へ$32,432,400，残りの配分は以下の通り）	
	主要幹線道路の車線延長	25%
	主要幹線道路の走行台キロ	35%
	道路に利用されるディーゼル燃料	30%
	主要幹線道路の総車線延長／州の総人口	10%
陸上交通	連邦補助道路の総車線延長	25%
	連邦補助道路の総走行台キロ	40%
	道路特定財源へ繰り入れられる道路利用者を起源とする税の収入額の年間予算額	35%
橋梁再整備・修繕	欠陥橋梁のコスト負担の割合	1
混雑緩和・大気質改善	連邦大気質基準の各州の未達成地域の人口／連邦大気質基準の全州の未達成地域の人口	1
レクレーション道路（公園内道路）	該当州に同等に配分	50%
	該当州に同等に配分。ただし，前年度のレクレーション道路燃料利用量に基づく	50%
都市圏計画	都市地域人口	1
優先事業	優先度の高い各州の個別事業	－
最低保証	道路特定財源への繰入額の90.5%の還元を各州に保証するよう配分	1

(3)でさらに詳しく見る。

(2)　配分額の算定方法

　連邦道路予算の各州への配分額は，利用者負担，損傷者負担の要素が反映された算定方法が法で定められており，表5-1に示される要素とその比重により算定される。主な算定要素として，人口，延長，走行台キロ，道路利用者の税負担額がある。

94　　　　　　第2部　道路整備財源制度の実態

表5-2　最低配分保証措置の変遷

	交通に関する中長期計画の財政支出を認可する法律	最低配分保証措置
1982年	陸上交通支援法[1]	特定の事業において州の配分額の割合を州の道路信託基金税収の割合の最低85%とする。
1987年	陸上交通（および移転）支援統一法[2]	同上。
1991年	総合陸上交通効率化法[3]	特定の事業において各州の配分額の割合を指定する。当該配分額の割合は州の道路信託基金税収の割合の最低90%とする。
1998年	21世紀の交通均等化法[4]	すべての事業において各州の配分額の割合を指定する。当該配分額の割合は州の道路信託基金税収の割合の最低90.5%とする。

（注1）　Surface Transportation Assistance Act of 1982.
（注2）　Surface Transportation and Uniform Relocation Assistance Act of 1987.
（注3）　Intermodal Surface Transportation Efficiency Act of 1991.
（注4）　Transportation Equity Act for the 21st Century.

図5-2　連邦道路予算の配分実績

○概算額の算出

事業	配分額	割合
州際道路維持	68,768	23%
全国幹線道路網	74,253	25%
陸上交通	96,461	32%
橋梁整備・修繕	51,958	17%
混雑緩和・大気質改善	5,818	2%
小計	297,258	100%
レクレーション道路	604	
都市圏計画	1,802	
最低配分保証	135,112	
優先事業	22,580	
合計	457,357	

○最低配分保証

事業	配分額	割合
州際道路維持	13,008	23%
全国幹線道路網	14,046	25%
陸上交通	18,247	32%
橋梁整備・修繕	9,828	17%
混雑緩和・大気質改善	1,100	2%
小計	56,229	100%
陸上交通[1]	70,235	
州全体計画[2]	8,647	
合計	135,112	

（アラバマ州の例，1998年度，単位：千ドル）
（注1）　最低保証事業額（135,112）の52%。52%は連邦最低保証事業総額の28億ドルに相当する比率。
（注2）　概算額計（457,357）の2%。

第5章 米国連邦道路予算における最低配分保証　95

図5-3　繰入額，配分額の各州の割合（1997年）

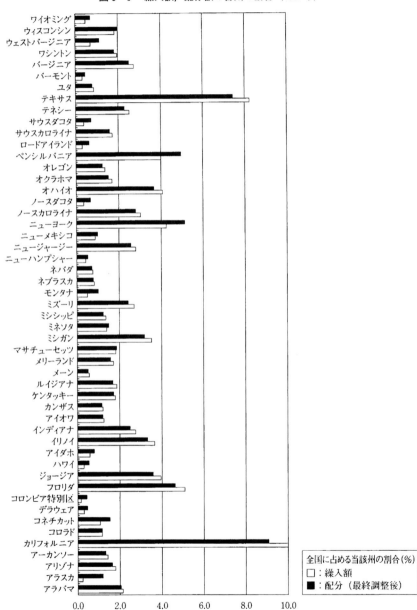

96   第2部　道路整備財源制度の実態

(3) 最低配分保証措置

前述の(2)の方法を用いて概算額が算定される。その後，各州への配分割合が90.5％を下回らないよう調整される。表5-2に示すように，最低配分保証の割合は導入された1982年には85％であったものが年々上昇し，1998年に90.5％に引き上げられた。

(4) 配分の実態

上記の配分プロセスに沿ってアラバマ州の配分実績を整理した結果を図5-2に示す。また，各州の道路信託基金への繰入額と国から州への配分保証の調整が行われた後の配分額の全国に占める割合（図5-3）をみると，最低配分保証措置の下でも大きな負担超過あるいは配分超過が存在していることがわかる（"Highway Statistics", U.S. DOT, 1959-1998）。

5.2.4　予算の流用

米国では，特定の事業に配分された資金を他の事業に流用することを可能とする制度が導入されるなど，州の自由裁量の権限は拡大している。総合陸上交通効率化法（1991年）では，配分された事業以外にも流用を認めることが以下のように定められた（連邦法典第23編，1991）。

　ア．州は，全国幹線道路網（NHS）プログラムにおける配分額の50％以内を
　　　陸上交通プログラムに流用できる。州による要請の上，交通省長官が当該
　　　流用の公益性を認めた場合，州は全国幹線道路網（NHS）プログラムにお
　　　ける配分額を100％まで陸上交通プログラムに流用できる。

　イ．公共交通事業，道路事業に流用される財源は，交通省長官により管理さ
　　　れなければならない。

5.3　道路投資額の地域配分モデル

5.3.1　投資需要モデルとは

交通計画の見地から道路の整備需要は概ね次の2つの要素で決まると考えられる。

ア．人口集積地等の主要拠点を連絡する道路延長を確保する。

　イ．交通需要量に見合った道路幅を確保する。

　これらから道路整備に必要な投資額を簡単な仮定で定式化すると次のようになる。

①道路延長は国土係数理論から地域の人口Nと面積Aで表される国土係数$\sqrt{NA}$に比例する。

　　この国土係数は，面積Aの正方形の地域にN個の拠点が$\sqrt{N} \times \sqrt{N}$の格子状に配置され，これらの拠点を格子状に道路で結ぶと一本の道路の長さは$\sqrt{A}$となり，結局この地域に配置される道路の延長は$\sqrt{N} \times \sqrt{A}$に比例することに由来する。

②人口密度の高い地域では，単位延長当たりの道路整備費は道路幅と土地利用によって決まる。ここでは単位延長当たりの道路整備費は人口密度$D=N/A$に比例すると仮定する。

　　一方，人口密度が小さく交通需要密度が小さい地域でも，道路は一定の幅，一般道路の場合は2車線，高速道路の場合は4車線が必要と考え，単位延長当たりの道路整備費を一定とする

③道路整備費は道路延長と単位延長当たりの道路整備費を乗じることによって得られ，人口密度の小さい地域では道路整備費は$\sqrt{NA}$に比例し，人口密度の大きい地域では$\sqrt{NA} \times N/A$に比例する。

④道路関連税は自動車の走行距離に比例し，それは人口に比例すると考えると，税収はNに比例する。

　道路投資を単純に必要額を投資するものと考えると，投資額は$\sqrt{NA}$または$\sqrt{NA} \times N/A$に比例するが，一方，税収はNに比例し，地域で徴収した税収をそのまま投資に充てると過不足が発生する。

　受益（投資額：C）と負担（税収：P）の比率C/Pは人口密度の小さい地域では$\sqrt{NA}/N = \sqrt{A/N} = 1/\sqrt{D}$に比例し，人口密度の大きい地域では，$(\sqrt{NA} \times N/A)/N = \sqrt{N/A} = \sqrt{D}$に比例する。州等の広い地域を対象とすると，人口密度の大きい地区と小さい地区が混在しており，これらの組み合わせであると考えられる。最も簡単な関数として線形結合を仮定すると，C/Pは次の式で表される。

図5-4 人口密度とC/Pの関係

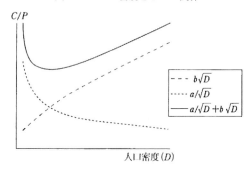

$$C/P = a/\sqrt{D} + b\sqrt{D} \qquad (5-1)$$

概念図を書くと図5-4のようになる。

以上の説明は道路整備に必要な費用という観点から行ったが，道路網が完成して維持管理の時代になってからの維持管理費用についても，次のような傾向から上記と同じ式で表すことができる。

ア．道路延長に応じて維持管理費用が大きい。

イ．交通需要量に応じて維持管理費用が大きい。

5.3.2 道路投資の必要量からみた投資額の地域配分の特性分析

米国の各州，各年の人口密度とC/P，すなわち，連邦信託基金の州への配分額と州内の徴収額の比率に対して式(5-1)をあてはめると図5-5～図5-7のようになる。ただし，アラスカ州，コロンビア特別区，ハワイ州，ロードアイランド州は地域固有の特性があるので，分析の対象から除いた。図5-5～図5-7をみると，「約40年前に道路信託基金が創設された直後」，「約20年前」，「最近」のどの年代においても，人口密度とC/Pの分布とモデル式は適合しており，ばらつきの違いがあるものの，人口密度が小さい州，大きい州への予算配分が厚く，人口密度が中間的な州は予算配分が薄いという傾向は同じである。換言するなら，配分推移モデルの想定しているパターンは抽出しにくいことが明らかになった。

図5-5 人口密度とC/Pの分布(1959年)   図5-6 人口密度とC/Pの分布(1979年)

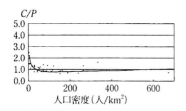
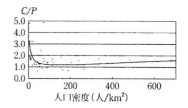

$C/P=a/\sqrt{D}+b\sqrt{D}$　回帰係数:$a=4.6985$　$b=0.0323$
　(a, b:定数)　　相関係数(R):0.6752

$C/P=a/\sqrt{D}+b\sqrt{D}$　回帰係数:$a=6.9616$　$b=0.0502$
　(a, b:定数)　　相関係数(R):0.4320

図5-7 人口密度とC/Pの分布(1998年)

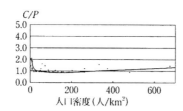

$C/P=a/\sqrt{D}+b\sqrt{D}$　回帰係数:$a=4.2725$　$b=0.0435$
　(a, b:定数)　　相関係数(R):0.6098

5.3.3 配分額と負担額の比率と各州の自主財源の関係の分析

連邦補助は必要投資額を満たすために寄与するものの,それのみでは十分でなく,ほとんどの州が自主財源として独自の燃料税を創設,運用し道路整備等に充当する等の資金調達を行っている。なお,地方の燃料税はそのほとんどが道路整備に充てられている。

最低配分保証措置によって自州で負担した税の内,自州で投資できる率が上昇した州が増加したが,その一方で負担する税額よりも大きな投資が必要な州にとっては財源が不足するという問題が生じた。

最低保証措置導入前(1979年)と導入後の最近(1998年)についてC/Pと州独自の燃料税率の変化を比較すると図5-8のようになる("Highway Statistics", U.S. DOT, 1959-1998)。

この図から,最低保証措置導入前(1979年)と導入後(1998年)を比較する

図5-8 各州の燃料税率と配分額と負担額の比率 (C/P) の推移

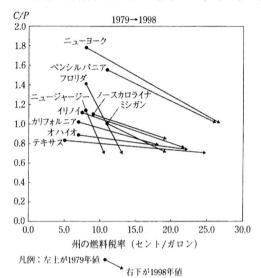

と，配分額と負担額の比率 (C/P) の幅が小さくなっているとともに，州独自の燃料税率の幅が大きくなっている。概ね，過去に配分額と負担額の比率 (C/P) が大きかった州は現在は州独自の燃料税率が大きくなっている。このことから，次の傾向があると解釈できる。

ア．過去には州内で徴収される税額よりも必要な道路投資額が多い州については連邦が予算配分を多くし，逆に少ない場合は少なくするというように連邦が道路投資額の過不足を補う予算配分機能を持っていた。

イ．近年になって，州の独自性を重視するために，最低配分保証措置等の連邦の道路投資額の過不足を補う予算配分機能を縮小する動きが強くなった。

ウ．これに対応して，連邦から配分される額では道路投資に必要な額を確保できなくなった州は，それを補うために州独自の燃料税率を引き上げている。

5.4 ま と め

5.4.1 配分推移モデルの適合性

「ネットワーク形成時には，高需要密度の地域から整備がはじまり徐々に低需要密度の地域に広がる。その結果，国の補助金配分は最初都市部が多く，次に人口や交通量の少ない地域へ移る」という配分モデルを仮定したが，データ分析からは必ずしもそのような傾向があるという結果は得られなかった。データの期間的な制約はあるものの，このモデルは成立しないことがわかった。

5.4.2 投資需要モデルの適合性

「道路整備と維持管理に必要な費用からネットワークの形成時期および維持管理時期のすべてにおいて，低需要密度地域と高需要密度地域に重点的に投資を行う必要がある」という投資需要モデルを仮定した。データ分析からこの仮定に対応した傾向が得られ，当該モデルは成立することがわかった。

5.4.3 受益と負担の調整方法

これまでの分析で，地域ごとに必要な道路投資額と地域の税収額は一致しないことがわかった。不一致分の調整については次の2つの方法が考えられる。

①国全体で同じ税率とし，いったん国に税収を集め，国が地方に再配分する。
②地域ごとに独自の税率を設定する。

前者を採用するならば，税率の設定と道路投資の地域配分は国が行う。後者を採用するならば，地域に税率を設定する権限を与え，地域ごとに独自の税率を設定することになる。いずれの方法を採用するかは負担の公平と地域の自主性のいずれを重視するかによる。

わが国では，社会資本整備の効率性を高める手段として，「地方分権」が期待されている。地方分権化，すなわち「権限」「財源」が地方に移譲されれば，事業の効果（受益）と費用（負担）について地域住民が監視するため，地域の

ニーズに即した事業が実施されると言われている。

しかし，「財源」の移譲は「権限」の移譲より複雑な問題である。単に国税を地方税化し国から地方への補助金を廃止することは，必ずしも地方にとってメリットがあるとは言えない。また，国にとっても全国幹線道路網の整備，ナショナルミニマムの達成，地球環境問題への対応等の国策の実現のために，財政的手段を保持する必要がある。

本章では，提案した「投資需要モデル」の適合性が米国において高いことを示すことにより，道路整備に必要な投資額は地域の税収と一致せず，道路予算の地域配分において国の役割が存在することを確認した。

米国においては21世紀の交通均等化法を制定する前に連邦道路予算の地域配分について次のような議論がされている（"Congressional Record‐Senate", June 1998)。

①高需要密度地域に重点配分という代表的な意見

ニュージャージー州は人口が過密であり社会資本に対する負荷が非常に大きい。同州の道路，橋梁，港湾は国内で非常によく利用されている。同州の道路交通渋滞と道路や橋に対する高度な維持管理の必要性から，もっと道路の利用の実態に重点を置いた配分にすべきである。（Lautenberg 上院議員，1997)

②低需要密度地域に重点配分という代表的な意見

ワイオミング州は各州への架け橋のようなものである。トラックは同州を通過するだけであり，輸送される物資は州内の産業に用いられるわけでもない。州の経済の発展には関係しない。他の州の経済を発展させるだけである。（Thomas 上院議員，1997)

各主張は本研究で設定した「投資需要モデル」の考え方に沿うものである。

わが国では，国の道路予算の地域配分において，税負担よりも配分額が大きい地域に対する不満や自地域が負担した税額よりも少ない配分しか得ていないことに対する不満等，個別の立場から観念的で一方的な主張が展開されており，合理的な議論が行われているとは言い難い。道路予算の地域配分における国と地方の役割分担について科学的な議論の展開が必要である。

第3部　欧米における対距離課金の実際

第6章　海外における対距離課金の事例

6.1　はじめに

　第1章では，道路利用の受益と負担の一致度を高める財源制度として，対距離課金の可能性について触れた。ただし，受益と負担を一致させた対距離課金制度を実施するためには，道路種，車種，時間帯等に応じた可変料金が必要であり，これまでは技術的な制約も存在していた。しかし，狭域通信やGPS等の技術革新により，道路種や時間帯に応じたきめ細かな料金の徴収はもはや現実のものとなりつつある。

　欧州では，乗用車利用者から見た場合，高速道路が無料の国（イギリス，ドイツ等），日本と類似の有料高速道路を導入している国（フランス，イタリア，ポルトガル，スペイン等），期間内に一定額を支払えばいくらでも走行が可能な固定料金制度を導入している国（スウェーデン，オランダ等）に大きく分類できる。

　しかし，無料道路の代表国であったイギリス，ドイツにおいてももはや道路は無料ではなくなった。ドイツでは，2005年より大型商用車（12トン以上）に限ってではあるが，高速道路利用に対する対距離課金制度が導入された。イギリスでも有料高速道路区間が全国で初めて導入されたほか，2003年からはロンドン都心部で混雑課金が導入されている。また，全国の全道路を対象に走行距離に応じて課金する全国課金制度の導入も検討されている。固定料金制度を導入しているスウェーデン，オランダでも，イギリスと同様の全国課金制度の実現に向けた検討を開始している。

　本章の前半では，まず，欧州の現行の有料道路制度，固定料金制度について概観し，大型車対距離課金制度について解説する。次に，現在検討が進む全国課金（イギリス，オランダ，スウェーデン）の状況を説明する。最後に，財源調

達ではなく交通需要の調整を主な目的として実施されているロンドン，ストックホルムの混雑課金についても若干の解説を加える。

本章の後半では，アメリカのバリュープライシング社会実験事業について解説する。バリュープライシング社会実験事業とは，各州が提案する多様な料金制度の実験のうち，連邦が認定し補助金を出している事業を指す。アメリカでは全国一律ではなく，州あるいは都市（圏）レベルで新たな課金制度の実験が行われており，これを連邦（中央）政府が支援する仕組みを採用している。このうち，交通需要調整を重視したシアトル都市圏の対距離課金パイロット事業と，新たな財源調達方法の実現可能性を検討したオレゴン州の対距離課金パイロット事業を紹介する。

6.2　欧州における固定料金から対距離課金への流れ

6.2.1　有料高速道路制度の導入国

フランス，イタリア，スペイン，ポルトガル等の南欧の国では，日本と同様の有料高速道路制度および電子料金収受システム（狭域通信を用いたETC）が普及している。ただし，その運用方法には日本の有料高速道路制度と若干の違いが見られるので整理しておきたい。

現在，これらの国では，高速道路会社が国との契約（コンセッション）により建設・運営を行うことが一般的となっている。高速道路会社が初期投資に準備する金額は契約で決定され，必要に応じて事業費の一部に公的資金が投入されることもありうる。また，高速道路会社ごと，すなわち区間ごとに料金体系が異なっている点も日本の高速自動車国道制度と異なる点である（むしろわが国の一般有料道路制度と類似している）。これらの国では高速道路利用者から料金を徴収して建設費用を償還するという原則は一致しているが，いくつかのバリエーションが存在する。

例えば，フランスは，各高速道路会社が周辺自治体の協力を得て，様々な割引制度を実施している。また，中央山間部の経済後進地域等では，有料道路方式ではなく，無料高速道路を国の直轄で建設・運営している。逆に，イタリアは道路建設の平均費用を反映させるため，平野部と山岳部（20%増）で異なる

料金を設定している。ただし，南部の経済後進地域等においては，フランス同様に無料高速道路を国の直轄で建設・運営している。

　有料道路制度を導入している国においても，道路利用の受益と負担の在り方を考慮し，独自の政策的配慮を行っていることがわかる。

6.2.2　固定料金高速道路制度の導入国

　南欧の国々は均一とはいえ走行距離に応じた料金制度を実施してきた。一方，北欧諸国では固定料金による料金制度がこれまで一般的であった。具体的には，高速道路の利用者はユーロヴィニエット（ヴィニエットは証紙の意味）と呼ばれるステッカーを事前に購入し，フロントガラスに貼付することで高速道路を走行することが可能となる。

　ユーロヴィニエット制度は，欧州委員会指令93/89/EEC の下，1995年より開始された制度である。現在の導入国は，デンマーク，ベネルクス3国，スウェーデンで，対象は12トン以上の大型商用車である[1]。利用者は，時間（日，週，月，年）単位でヴィニエットを購入する。1日利用の場合，8ユーロ（約1,300円），年間利用の場合1,550ユーロ（25万円）程度である。同指令の中で，料金水準はインフラの建設，運営と関連させた水準とする旨が規定されているものの，料金は固定のため，利用すればするほど利用者にとっては得をする仕組みとなっており，指令の意図とは矛盾が生じている。

　この矛盾は当然のことながら欧州委員会および加盟各国の間でも認識されており，固定料金から対距離課金への移行が検討，導入され始めている。例えば，ドイツは当初ユーロヴィニエット導入国であったが，2003年に同制度を廃止し，2005年からGPS を利用した大型車対距離課金制度へと移行した。スイスはEU に加盟していないものの，やはり同様に2001年に大型車対距離課金制度を導入している。また，現ユーロヴィニエット導入国であるスウェーデン，オランダでも全国を対象とした対距離課金の導入が検討されており，欧州は固定料金制度から対距離課金制度への移行期にあるといえる。

---

1)　オーストリア，ブルガリアなども乗用車を含めた独自のユーロヴィニエット制度を有している。

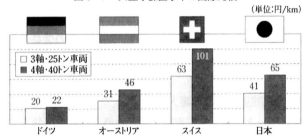

図6-1　大型車課金水準の国際比較

表6-1　大型車対距離課金制度の比較

	ドイツ	オーストリア	スイス
開始時期	2005年1月1日	2004年1月1日	2001年1月1日
課金道路	高速道路	高速道路	全道路網
対象車両	12トン以上	3.5トン以上	3.5トン以上
料金算定基準	・距離 ・軸数 ・排出性能	・距離 ・軸数	・距離 ・軸数 ・排出性能
課金技術	GPS	DSRC	タコグラフ + DSRC + (GPS)

6.2.3　欧州における大型車対距離課金制度

　欧州の一部の国では大型車対距離課金制度の導入がすでに開始されている。最初に導入を開始したのは、スイス、オーストリア、ドイツといったヨーロッパの中央部に位置し、これまで大型車が固定料金で高速道路を利用可能だった国々である。欧州の市場統合の進展に伴い、加盟国の国境を跨ぐ貨物車交通が増大したことに加え、貨物車交通がフランスやイタリア等の有料道路を避けてこれらの国の無料道路に集中することが懸念され、大型車の対距離課金制度が開始された。

　課金対象となる道路種、車種、課金額決定の指標、課金技術、課金水準はそれぞれの国で若干異なっている（図6-1，表6-1）。また、課金水準算定については、ドイツ、オーストリアでは欧州委員会の従来の指令（インフラ関連以外の費用について課金することを禁止。詳細は第7章）にも配慮し、課金額には社会的費用の徴収の目的は含まれていない。一方スイスは、課金額設定に際し

環境費用の一部を内部化している。次項では，他国に先駆けて大型車対距離課金制度を導入したスイスの事例を紹介する[2]。

6.2.4　スイス大型車対距離課金制度

(1)　スイス大型車対距離課金制度の概要

アルプス山脈の通過ルートを国内に持ち，欧州における交通の要衝であるスイスでは，年々国内を通過する貨物車交通量は増加してきており，これに伴い，貨物車（特に大型貨物車）による，道路の損傷や環境問題が顕在化してきた。こうした問題へ対応するため，スイスでは，2001年1月1日から，連邦関税局（Swiss Federal Customs Authority）を主体として，公共道路網全体を走行する3.5トン以上の大型貨物車への課金が開始された（Swiss (2004)）。

課金徴収方法には，車載器による自動課金と，手動による支払いの2種類がある。国内車両にはTRIPONと呼ばれる，タコメータ・DSRC方式の車載器の搭載が義務付けられるが，外国車両の取り付けは任意である。なお，車載器価格は800ユーロ（政府負担），取り付け工事費は200ユーロ程度である。

スイスはEU非加盟国ながら，現在のEU交通白書が提唱する外部費用の内部化や，道路インフラ利用課金収入による鉄道への投資（革新的なインターモーダル財源プール制）を忠実に実現した点で，欧州の模範生といえる。

2001年時点でEU加盟国に対し有効であった1999年の欧州理事会指令62号と比較すると，スイスの施策内容は課金対象車両および道路を広げている点で，さらに徹底している。指令では課金対象車両が12トン以上の貨物車であるのに対して，スイスでは3.5トン以上の貨物車である。また，指令では課金対象道路が主に幹線道路であるのに対して，スイスでは公共道路網全体である。

(2)　課金額の設定

1）基本課金額の設定根拠

課金の目的は，固定年費用課金（ヴィニエット）減収分の補塡（1.32億スイス

---

2) ドイツの大型車対距離課金制度はすでに多くの文献で紹介されているので，本書では触れない。例えば，根本・松井（2005），『欧州における大型貨物車課金施策の展開』などを参照。

表6-2　スイスにおける交通部門の外部費用推計値（2000年値）

（単位：百万スイスフラン）

	道路	鉄道	合計
事故	1,554	13	1,567
騒音	869	129	998
健康	1,525	100	1,625
建物損害	245	14	259
気候	826-2,026	2-4	828-2,030
その他環境	726	77	803
自然・景観	661	103	764
混雑	911	-	911
合計	7,319-8,519	439	7,756-8,958

（出典）　Federal Office for Spatial Development ARE.

フラン（以下，SF）），大型車が負担していなかった道路インフラ費用（0.17億SF）と外部費用（事故，騒音，健康，建物損害（塗装費用など）等11.33億SF）を合わせた11.5億SF/年（約1,150億円/年）[3]を負担させることである。スイスでは，外部費用の内部化による「受益者負担」の実現が主要な目標となっている。この点が，インフラ費用を回収する目的で課金額を決定しているドイツ，オーストリアと異なっている。基本課金額は，総費用（11.5億SF）をトンキロベースの交通量（470億トンキロ）で除した値（2.52センチーム／トンキロ）である。

　なお，スイスは交通部門における外部費用を定期的に推計している。2000年の推計値は，7,700〜8,800億円/年であった（表6-2）。

　2）エンジン性能別の課金額設定

　スイスの大型車課金制度では，2.52センチーム（＝2.52円）/トンキロの基本課金額を基に，エンジン性能（EU排ガス規制クラス）によって課金額を3分類している（エンジン性能によって+/-14%の差をつけている）。支払額は以下の計算式によって求められる（表6-3）。

---

3)　1SF（スイスフラン）＝100センチーム＝約100円（2007年10月）。

第6章　海外における対距離課金の事例　　　　111

表6-3　エンジン性能別の課金額

排出性能	課金額（センチーム／トンキロ）
EURO I . 0	2.88（+14.3%）
EURO II	2.52
EURO III - V	2.15（-14.7%）

表6-4　課金額の引き上げ経緯

	基本課金額 （センチーム／トンキロ）		制限重量
2001年	1.68	－	34 t
2005年	2.52	（1.50倍）	40 t
2008年（予定）	2.75	（1.09倍）	40 t

支払額＝課金水準×走行距離×最大積載重量

　したがって，例えば，EUROII のエンジン性能の積載重量30トンのトレーラーが300km 走行した場合の課金額は，226.80SF（22,680円）となる。

　3）課金水準の段階的引き上げ

　2001年の導入前，スイスと EU の間で様々な調整が行われた。EU は課金を認めるかわりに，スイス国内を走行できる車両の制限重量を28トンから34トンに引き上げることを認めさせた。その後も，課金水準の引き上げは，スイス国内を走行できる車両の制限重量（総重量）の引き上げと並行して進められてきた。2005年の課金額引き上げ時には，制限重量が34トンから40トンに引き上げられた（スイスにとっても積載重量増加のメリットがあったといえる）。2007年のレッチベルク基底トンネルの開通を受け，2008年に課金額の引き上げが予定されている（表6-4）。ただし，制限重量の引き上げは予定されていない。

　(3)　課金収入の使途

　スイスの大型車課金による収入は年間約9億 SF（約900億円）であり，収入の1／3は州政府へ，2／3は連邦政府へと配分される。州政府は，課金収入を

主に大型車による損傷費用（インフラ，環境）の回収に充てている。連邦政府は，課金収入を公共交通整備の財源，特に，鉄道の改良，アルプス越え鉄道の整備，ヨーロッパ高速鉄道ネットワークの整備，鉄道騒音の緩和等に充当している。なお，鉄道整備の財源として，課金収入の他，鉱油税収の一部，付加価値税収の0.1%が充てられている。

(4) 乗用車利用者の負担に関する議論

2006年，スイス政府は道路・鉄道部門が発生させている費用（インフラ，安全，環境等）と収益を比較する研究を公表した。この中で，個人の乗用車利用者は費用の92%を，大型車利用者は費用の93%をすでに負担している（大型車課金による負担を含む）と推計された。このため，乗用車に関しては，対距離課金の導入は予定されていない。現在，乗用車は燃料税をはじめとする自動車関連諸税を負担しているほか，高速道路利用については年間26ユーロの定額ヴィニエットを購入する必要がある。

ただし，渋滞の激しい都市内では，乗用車利用者が自ら発生している社会的費用（渋滞，環境等）を完全に負担しているわけではない。そこで，スイス国内では都市内のロードプライシングは全国的な対距離課金とは別のスキームとして，市が実現可能性の研究等を実施できることとなっている。

(5) 大型車課金の効果

1）トラックの重量別トンキロ分担率

大型車課金とそれに伴う最大積載重量の引き上げにより，スイスでは貨物車の大型化が進んでいる。それまでも存在していた最大積載重量40トントラックの満載での走行が可能となったのである。大型車課金開始後，3.5トン～12トン車の比較的小型の貨物車による輸送がトンキロに占める割合（10%）は不変であったが，12トン～28トン車の割合が減少し，28トン～34トン車の割合（54%）は増加した（2004年）。また，2005年の制限重量引き上げ（34トンから40トン）後，40トン車の占める割合は34%にまで上昇した。

2）鉄道輸送量

貨物輸送の鉄道へのシフトは，スイス大型車課金の目的の一つである。最近

２年間，貨物輸送において道路から鉄道へのわずかなシフトが見られる。このうち，スイス南部国境付近のアルプスルートにおいては，スイスはすでに鉄道利用の割合が高く，2005年で64％である。これは，オーストリアやフランスのアルプスルートにおける鉄道割合（両国とも23％）に比べてかなり高い数値となっている。

(6) スイス大型車課金のまとめ

スイスの大型車対距離課金の課金水準は，「道路インフラ費用と外部費用（事故，騒音，健康，建物損害）の平均費用課金」が根拠となっている。これは，現行のユーロヴィニエット課金方針，すなわちドイツやオーストリアにおいて採用されているインフラ費用の回収とは課金根拠が大きく異なる。ただし，欧州委員会でも社会的費用を含む場合の適切なインフラ使用料金の検討が始められており（第7章で詳述），皮肉なことだが，欧州委員会の方針に従う必要のないスイスで一足先に社会的費用の徴収が実現できたといえる。

なお，課金根拠となる外部費用の中には混雑費用は含まれていない。混雑分を負担させる場合は，乗用車と合わせ，都市内の混雑課金により別スキームで徴収することになる。

スイスでは課金の徴収の理論（外部費用の内部化）と使途（交通システムの改善）は必ずしもリンクしていない。外部費用を低下させるための投資でなくても良いことになる。ただし，それでも課金制度についてコンセンサスは得られている。これは，外国車両に課金することに対しては合意が得やすいためである。スイス国内事業者はそのあおりを食ったことになるが，他事業者との競争条件に変化がないほか，40トンの大型トラックの積載重量増加のメリットは享受できている。

スイスでは大型車課金の導入・課金額の引き上げと国内を走行可能な重量制限の引き上げがセットで実施されてきた。制限重量の引き上げにはそれに応じた道路整備が必要であるので，課金収入の一部は道路整備に充当された。日本で同様の課金を導入する場合にも，収入を道路の大型車対応化に充当するという議論がありうる。また，新たな課金制度導入は，従来の受益と負担のあり方を変化させることになるため，スイスで行っている「交通部門の外部費用の推

計」や「交通部門の費用と収益」に関する研究をわが国でも実施していく必要がある。

6.2.5 全国課金の検討

すべての車種の全国すべての道路走行を対象に課金をする全国課金の導入例はない。しかし，その導入に向けた検討は始まっている。まず，車種に関してだが，これまで見てきたドイツおよびスイスでは，大型車が道路に与える損傷の影響が大きいことから乗用車に先駆けて対距離課金制度が検討，導入されてきた。スイスのように，観光面での影響を考慮して，また発生させている費用をすでに十分に負担しているとの実証分析結果を示して，乗用車に対距離課金制度を拡大しないことを明言している国もある。しかし，インフラ損傷以外の外部費用も考慮する場合，外部費用を発生させているのは大型車のみではないため，乗用車を含めた課金がいくつかの国において検討され始めているのは自然な流れである。

また，情報通信技術の発達により高速道路の走行だけを課金対象にする理由はなくなっている。すでにスイスはすべての公共道路の走行を対象に課金している。全国課金を検討している国として，イギリス，オランダ，スウェーデンを挙げることができる。

イギリスでは，ドイツ，スイス，オーストリアと同様の大型車対距離課金（LRUC：Lorry Road User Charge）の実施の検討が最初に開始された。しかし，2004年の「Feasibility study of road pricing in UK-Report」において，全国，全車種を対象としたロードプライシングについて検討が始まり，大型車対距離課金制度の検討は，全国的なロードプライシング制度の検討の一部として組み込まれることとなった。

オランダでは，2016年（トラックは2011年）までに走行距離・車種・時間帯・場所の条件を基に算出される対距離課金を導入する計画が採択され，現在，実施の準備が進められている。対距離課金導入に合わせ，既存の車両税（購入時）と車両利用税を廃止する予定である。自動車の「利用」段階の課税を重視する仕組みへと移行する意図が感じられる。また，時間帯や場所によって課金水準に差をつける予定であることから，財源確保のみならず，混雑緩和や環境

改善も同時に狙った課金制度であることがわかる。

　スウェーデンにおいても，外部不経済内部化のための大型車（3.5トン以上）対距離課金の提案が承認され，実施案を検討中である。具体的な案は2008年春に最終決定され，実際の導入は2011年または12年と計画されている。スウェーデンでもオランダ同様，時間帯・場所等によって課金水準の差別化を検討しているが，特に，ピーク時の規格の低い道路での走行には高額な課金を行うことが検討されている。

　これらの全国課金制度は検討段階の状態であり，まだその全貌が明らかにされていない。しかし，受益と負担，財源調達の制度の検討に大いに参考になると考えられるので，その動向を注視していくことが必要である。

6.2.6　ロンドンにおける混雑課金

　本項および次項では，道路課金の持つ「交通需要の調整」機能を重視したロンドンおよびストックホルムの混雑課金制度を紹介する。両事例とも，課金エリアにおける走行距離にかかわらず一定金額を支払う制度であることから厳密な意味で対距離課金ではないが，課金エリア，課金水準の考え方や支払い方法，導入までの過程等についてはわが国への参考となると考えられるので，これらの事例を取り上げることとする。

　(1)　課金エリア

　ロンドンでは，2003年2月17日より，都心部へ流入する車両には一部の対象外車両を除き，すべての車両に1日5ポンドの混雑課金が課されることとなった。課金時間は平日の午前7時から午後6時30分であり，課金対象は約22平方キロメートルの都心環状道路内である。都心環状道路上を通行する際には課金されない。また，課金額は2005年7月から1日8ポンドへと引き上げられた。

　2007年には課金エリアが西方へと拡大された（図6-2）。拡大後の課金時間が平日の午前7時から午後6時となったほかは，課金額，課金対象車両等は拡大前と同様である。

図6-2　西方拡大後の混雑課金エリア

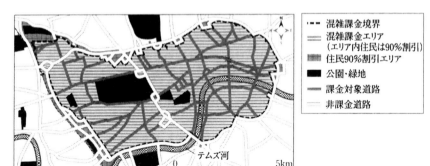

(出典) TfLホームページ。

(2) 支払い方法

ドライバーはまず，車両番号など必要な情報をロンドン交通局（Transport for London）のデータベースに登録する。登録には10ポンドの登録費が必要である。電話，インターネット，郵便などでクレジットカードを使って支払えるほか，市内の商店や設置された機械から直接支払うこともできる。電話やインターネットでは24時間支払いができるが，通行した日の午後10時を過ぎると，通行料が10ポンドに引き上げられるため，ロンドン交通局では前払いを奨励している。通行料未納者には厳しい取り締まりがあり，通行した日の0時を過ぎると罰金80ポンド（約15,440円）が課される。ただし，2週間以内に支払えば，罰金は40ポンドに軽減される。しかし1ヵ月以内に支払わない場合は120ポンドの罰金となる。また，通行料を3回以上未納している車両は留め金で固定され，500ポンド（約96,500円）の罰金が課される。

(3) 課金免除車両

二輪車，認可タクシー，緊急車両（救急車，警察車両，消防車など），障害者が乗車している車両（事前に認定された車両），代替燃料車，バス等の車両は，混雑課金が免除される。また，課金ゾーン内居住者の車両（90％割引），ゾーン道路上の故障車を修理や移動する車両（100％割引），行政の車両（業務の内

第6章　海外における対距離課金の事例　　　117

容による）等は，割引が適用される。

(4)　今後の展開（CO_2課金）

2008年2月12日，一般市民および利害関係団体による協議の後，ロンドン市長は Variation and Transitional Provisions Order 2007を承認した。これにより，CO_2排出を根拠に課金額を25ポンド（約5,000円）に大幅増額するかにみられた。しかし，現市長が再選されなかったため，予定されていた2008年10月からの導入は不透明となっている。

6.2.7　ストックホルムにおける混雑課金

ストックホルムでは，2006年1月〜7月に渋滞課金の実験（トライアル）が実施され，2006年9月の住民投票によって本格実施が決定された。その導入の目的は，①交通：朝夕ピークの道路交通量の10〜15%削減，②大気：CO_2，NO_x，PM 等の排出削減，③住環境：都市住民の住環境改善であり，導入後これらの指標の改善が報告されている。

国，郡，市レベルの3つの行政主体が，それぞれの特徴に応じて混雑課金システムの実施を分担して担当している。国の行政機関であるスウェーデン道路庁（SRA）は，システムデザイン・運営，広報，トライアル実施費用の負担（38億クローナ＝570億円）を担当し，ストックホルム市政府は一般情報の提供，施策評価，P&R 駐車場の整備を担当している。また，ストックホルムを含むより広域の都市圏（郡）の機関であるストックホルム交通局（SL）は，公共交通の強化，P&R 駐車場の整備を担当している。

(1)　課金エリア

課金エリアは，ストックホルム中心部35km^{2}であり，課金エリア外周の道路区間に設置された18の課金ポイントにおける流入/流出それぞれに対して課金される。環状道路西部（Essingelenden）・南部区間（Södra Länken）通過車両は対象外である。また，課金エリア北東部に位置する Lidingö 島と30分以内に行き来する場合も課金の対象外となっている（図6-3の課金ポイント16〜18）。

図6-3 課金ポイント

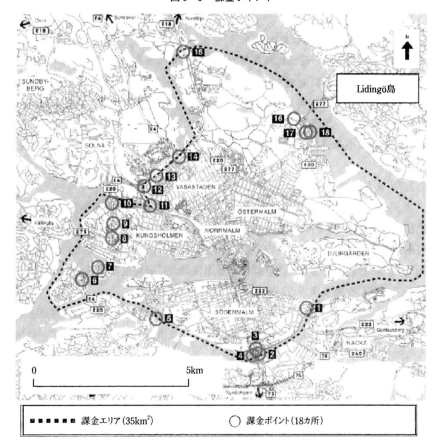

(出典) ストックホルム市資料。

(2) 課金水準

ストックホルム混雑課金ではロンドンと異なり、時間帯によって異なる料金水準が設定されている。混雑の激しい朝夕ピークでは課金額が高く、昼間はピーク時の約半分に設定されている（図6-4）。なお、夜間、土日祝日は無料となっている。

また、1日1回支払えば何度でも通行可能なロンドンの制度とは異なり、ストックホルムでは流入/流出の度に支払わなければならない。ただし、1日あ

図6-4 時間帯別料金

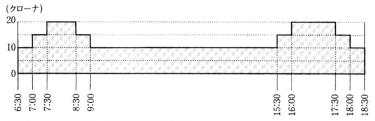

(注1) 上記時間帯以外（夜間および早朝）は無料。
(注2) 1クローナ＝約15円。

たり最大課金額は60クローナ（900円）と設定されている。なお，緊急車両，バス（14トン以上），タクシー，自動二輪，外国車両，ハイブリッド燃料車，身体障害者が乗車している車両（事前に許可申請が必要）等の特定車両については終日無料となっている。

(3) 課金方法

支払い方法は，①車載器（無料リース）搭載による自動支払い，②利用前のインターネットまたは銀行支払いまたは③特定店舗支払いの方法から選択できる。

課金ポイントでは，①車載器との DSRC 通信，②ビデオカメラによるプレートナンバー認識によって課金車両を感知している。政府内には，ビデオカメラによるプレートナンバー認識の精度が高まったため，DSRC 方式は不要ではないかとの議論がある。

(4) 公共交通の強化

混雑課金を実施する場合，車以外の代替手段の利用が便利にならない限り，住民からの賛同は得られにくい。そこでストックホルムでは，混雑課金導入に先立ち，市周辺の公共交通システムが強化された。具体的には，①高速バス12路線新設，②バス16路線延伸，③鉄道の改良，④1,800台分のP&R駐車場（公共交通利用者は無料）が整備された。本格実施後も，課金収入をもとに公共交通およびP&R駐車場等の整備が進められている。

(5) トライアルの結果概要

トライアル期間終了直後の2006年8月，混雑課金の効果の概要が公表された（Stockholm（2006））。

1）道路交通
・課金時間帯の流入／流出交通量は22％減。（1日全体では19％減）
　　乗用車：30％減 ＞ 貨物車：10％減
　　朝ピークの削減率 ＜ タピークの削減率
・課金エリア内においても交通量が10％減。
・総渋滞時間：朝ピークで2/3減 ＞ タピーク1/2減。
2）公共交通・P&R駐車場
・公共交通利用者数：平日1日当たり40,000人（6％）増。
・6％のうち4％が混雑課金による増加，2％が公共交通の強化による増加（推計）。
・P&R駐車場利用台数：7,700から9,500台／日（23％増）。
3）交通特性
・課金期間中，エリア内の自動車トリップ数は100,000トリップ（24％）減。
・Essingelendenバイパスへの転換，公共交通への転換，P&R利用等による。
・カーシェアリング，時間差通勤の動きは見られず。
4）環境
・課金エリア内排出量：CO_2：14％減，NO_x：8.5％減，PM：13％減。
・騒音レベルは顕著な変化なし。
5）交通安全
・交通量減少による安全性向上効果があった一方，スピード増加による安全性低下も生じた。
・両者を総合すると課金エリア内において年間40～70件の死傷交通事故減少効果（5～10％減）が生じたと推定された（年ベースの推計値）。
6）小売・ビジネス・経済
・課金エリア内の売上高等には顕著な影響なし。

7）費用便益分析

・トライアル期間（7ヶ月）のみ実施した場合，今後，課金収入は発生しないため，インフラ投資・運営費用からトライアル期間の課金収入を減じた26億クローナの財政純損失が発生する。

・本格実施の場合，4年目以降，7.65億クローナ/年の社会的便益が発生すると推計されている。（参考：一般に，道路の費用便益比は15〜25年で評価）

(6) 住民投票の結果

　トライアル期間終了後の2006年9月17日（日）（総選挙と同日）にストックホルム市において住民投票が実施された。質問形式は，「渋滞課金がストックホルムの環境・交通問題を解決するための多数の政策の一つとして採択されるべきか」という問いに対する，「賛成・反対」の二択であった。

　結果は，賛成：51.3%，反対：45.5%と賛成が過半数を超え，この住民投票の結果を受けて2007年から本格実施が始まった。

　なお，ストックホルム郡内のストックホルム市以外の25の市町村のうち，14市町村も住民投票を実施した（質問はストックホルム市のものと多少異なる）。この結果，14市町村すべてで反対多数であった。すなわち，住民投票の対象エリアの設定の仕方によっては反対多数となっていた可能性もある。このことは，混雑課金により実際に影響を受けるのはどの程度の範囲の住民なのか，住民投票の対象エリアの設定とその正統性をどう判断するべきか等，混雑課金の導入の政治的な側面を示唆しているといえる。

6.3　アメリカにおけるバリュープライシング社会実験事業

6.3.1　バリュープライシング社会実験事業の概要

　米国においては，「混雑課金パイロット事業（Congestion Pricing Pilot Program)」が1991年に制度化された。この制度は1998年に「バリュープライシング社会実験事業」へと名称が変更され，内容的にも順次拡充されて現在に至っている（FHWA（2008))。

　このパイロットプログラムは米国交通省（Department of Transportation：

表6-5　バリュープライシング社会実験事業の類型

	類型	概要	件数
1	Converting HOV Lanes to HOT Lanes	既存HOVレーンのHOTレーンへの転換	8
2	Cordon Tolls	コードン課金	2
3	Fair Lanes	既存高速道路の一定区間を「有料」レーンと「無料」レーンに分割して運用する。有料レーンからの収入を無料レーン利用者に補償することも可能	1
4	Priced New Lanes	新設拡幅車線を有料車線として運用	19
5	Pricing on Toll Facilities	既存有料区間の料金を混雑度に応じて可変料金化	14
6	Usage-Based Vehicle Charges	既存燃料税に代わる財源調達手法としての対距離課金	8
7	"Cash-Out" Strategies/ Parking Pricing	従業員に無料駐車場を提供している企業に対し「駐車場を利用しない従業員に現金（課税対象）を支払う」オプションを与える施策	5
8	Regional Pricing Initiatives	広域的な道路課金を実施し，交通行動の変更を促す施策。利用者へのリアルタイム混雑・料金情報の提供が重要	11
9	Truck Only Toll Facilities	トラック専用の有料レーンの設置・運用	2
	合計		70

(出典)　FHWA "Value Pricing Pilot Program Quarterly Program Reports"を基に作成。本格実施が始まっている事業を含む。

DOT) 連邦道路庁（Federal Highway Administration：FHWA）の所管で，道路や駐車場の課金施策によって渋滞緩和の達成可能性について調べることを目的としている。

さらに，2006年のSAFETEA-LUにおいて，バリュープライシング社会実験事業への連邦補助制度が拡充された。連邦補助率は80％である。州は地域の課題に応じた事業を立案・実施・評価している。ほとんどのバリュープライシング社会実験事業において，時間帯あるいは混雑度に応じた料金の差別化を実施することとなっている。2007年現在，補助認定を受けた14州で，70件のバリュープライシング社会実験事業が実施されている（表6-5および図6-5）。

これらのうち，道路使用量に応じた課金（Usage-Based Vehicle Charges）事業は本書で対象としている対距離課金の概念に近い。そこで，道路使用量に応じた課金事業のうち，以下の2つの事例について概要を整理する。

・WASHINGTON：Global Positioning System（GPS）Based Pricing in the

図6-5 バリュープライシング社会実験事業実施州と事業数

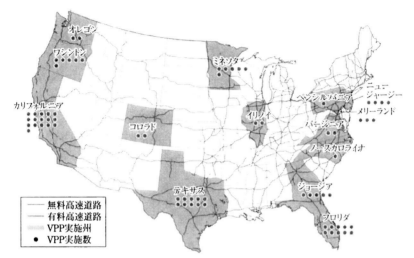

(出典) FHWA, "Value Pricing Pilot Program Quarterly Program Reports" を基に作成。本格実施が始まっている事業を含む。

Puget Sound Region
・OREGON：Mileage-Based Road User Fee Evaluation

6.3.2 シアトル都市圏のGPS対距離課金社会実験事業
(1) 背景

ピュージェット・サウンド地域評議会（Puget Sound Region Council, 以下，PSRC）は，ワシントン州シアトル周辺の4つのカウンティで構成される地方交通計画組織である。ピュージェット・サウンド地域の人口は320万人，面積は1.6万 km^2 であり，ワシントン州最大の都市シアトル（人口57万人）を含む。ワシントン州の人口と就業者の60％がピュージェット・サウンド地域内に集中しており，同州を代表する地域である。同地域では，毎年15億ドル以上にものぼる渋滞損失が発生しているのにもかかわらず，現在の州ガソリン税では，交通インフラの容量拡大に必要な財源が確保できないことが問題となっていた。

(2) 経緯

1994年：中央PSRCで初めて混雑税が検討される。

1995年：交通計画で4つの料金モデルが提案された。本格的に混雑税の有効性を検証するためTransportation Pricing Task Force（TPTF）が設立される。

1998年：TEA-21のバリュープライシング社会実験事業の一つとしてPSRCが188万ドル（約2億円）の連邦補助金を獲得した。

2001年：1995年の交通計画を更新する"Destination 2030"が発行され，2006年までに混雑税の社会実験を開始することが決まる。

2005年：社会実験の開始

(3) 社会実験の目的

社会実験の目的は，①車両行動のデータ収集および分析（特に，課金水準と交通行動の関係（料金弾性値）の分析），②GPS技術をはじめとする課金技術の利用可能性の検証，③シアトル地域の長期的政策立案に資するデータの提供，④道路課金というコンセプトに関する啓発活動の4つである。

(4) 社会実験概要

1）実施主体

PSRCが実施の主体であり，州DOT，コンサルタント，大学等が協力している。また，プロジェクトの主要パートナーとしてシーメンス社が参加しており，システム統合，車載器，技術開発を担当している。車載器（ドイツで大型車対距離課金で用いている車載器）はシーメンス社が無料で提供している。

2）課金エリア・課金道路

中央ピュージェット・サウンド地域（King郡とSnohomish郡）が課金対象である。PSRC内の全道路に課金するわけではなく，非幹線道路（minor collector-distributor road）には課金されない。非幹線道路は住宅内道路のような道路で，長距離を連続して走行できないことが多い。通り抜け目的には利用できないため，課金道路の迂回問題は生じないと考えられている（図6-6）。

図6-6　課金対象道路ネットワーク

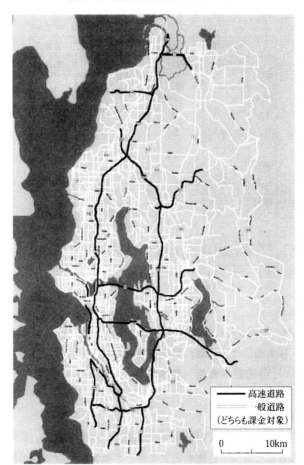

(出典) PSRC資料。

3) 課金額

　時間帯，曜日，区間により，0～50セント／マイルの異なる課金水準が設定されている[4]。週末も課金されるが，平日の約半分の水準であり，夜間および

---
4) 連邦＋州ガソリン税はおよそ1マイル当たり2～2.5セントである。

表6-6 料金表

〈平日〉

	高速道路	一般道路
	無料	無料
6AM – 9AM	40	20
9AM – 3PM	15	7.5
3PM – 6PM	50	25
6PM – 10PM	10	5
10PM	無料	無料

〈休日〉

（単位：セント／マイル）

	高速道路	一般道路
	無料	無料
6AM – 10AM	10	5
10AM – 7PM	20	10
7PM – 10PM	10	5
10PM	無料	無料

（注1） 10セント／マイル＝約7円／km。
（注2） 夜間と早朝（午後10時～翌朝6時）は無料。

早朝（午後10時～翌朝6時）は無料である。社会実験では乗用車のみが課金対象となるが，将来的には車種別に異なる課金額の設定も検討されている。なお，この課金額は社会的限界費用（混雑料金）をベースに設定されている（表6-6）。

4）支払方法

社会実験開始時に，参加者の口座に一定金額が与えられる。この一定金額から走行距離に応じた金額が自動的に引き落とされる。社会実験の終了時の口座の残金は参加者のものとなる。これにより参加者は費用を自己負担する必要がない。

実験後の残金を自分のものとすることができるため，運転行動を変えるインセンティブを与えることができる。実験開始時に参加者の口座に与えられる額は，過去の交通行動に応じて8カ月間で300ドルから6,000ドルまでの幅がある。

5）車載器

社会実験への自主的な参加者の車にメーターを取り付け，場所と時間によっ

て異なった走行マイル料金を課す。走行中のドライバーには，車載器画面および音声通知によりリアルタイムで課金額が通知される。GPS が検知した位置情報と，車載器にストックされている道路ネットワークのノード位置情報をマッチングし，走行位置を特定する。課金道路上の走行距離は，マッチングにより得られた座標から計算する。

6）スケジュール

社会実験は，2005年の4月から開始された。最初の3カ月間はコントロール期間とされ，車載器からデータを収集するものの，課金はされなかった。その後，2005年7月から実際の課金実験期間が開始された。2006年の2月まで（8カ月）課金を継続し，最後の1.5カ月は再びコントロール期間に充てられ，データ収集のみで課金は行われなかった。

コントロール期間を前後においているのは，課金の前と課金の後で人々の行動に変化が起きるかどうかを確認するためである。社会実験は2006年3月に終了した。

6.3.3　オレゴン州のGPS対距離課金社会実験事業（西尾・梶原（2006））

(1)　背景

オレゴン州は道路財源の大部分を燃料税収に依存している（燃料税（連邦＋州）がオレゴン州道路財源の約70％を占める）。燃料税収入は，経済状況に応じて多少変動してきたが，近年では安定的に推移している。しかし，長期的・相対的には減少傾向にあることは疑いない。それは主に，①インフレ率よりもガソリン税率の伸び率が低い，②有権者からガソリン税引き上げの反対を受けている[5]，③自動車燃費が向上している[6]（ハイブリッドエンジンの採用等）ことが要因とされている。

将来，燃料税収入はさらに深刻な状況になると予想されており（図6-7），燃料税に代わる新たな道路整備財源の調達手段の検討が始まった（Oregon

---

5)　ガソリン税の値上げを1991年以来行っていない。1999年の選挙ではガソリン税の値上げが否決された。

6)　1970年の燃費は1ガロン当たり11.8マイルであったが，現在では1ガロン当たり20マイルである。

図6-7 燃料税収の推計値

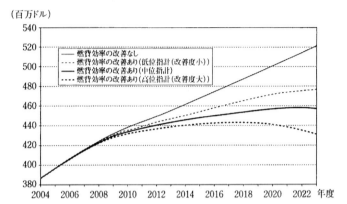

(注) 対象車両は乗車用及び5トン以下の小型貨物車。
(出典) Oregon DOT (2007).

DOT (2007))。

(2) 経緯

州の道路の長期的に可能な財源確保を検討するため，2001年に州立法議会は法案3946を採択し，これにより，「道路利用者料金プロジェクトチーム (Road User Fee Task Force)」が設立された。プロジェクトチーム設立趣旨は，「オレゴン州の現行の徴収システムを代替できる，道路関連税収計画を構想すること」である。プロジェクトチームの政策立案方針は，①オレゴン州全域の自動車の目覚ましい燃費向上が将来的にもたらす影響を最小限にとどめるための税制度を計画すること，②受益者負担を重視することであり，現行燃料税の代替案として28の新税制度を検討した。2003年3月，16カ月の検討の結果，これらの案の中から，プロジェクトチームは最も公平で信頼できる課金方法として走行距離に対する課金制度の導入を提言した。

(3) 課金システム

1) 課金技術

課金技術のベースはGPSと車載器の通信による位置情報の取得，記録であ

る。GPS技術を用いてオレゴン州内の走行距離が記録され，オレゴン州外に出ると，GPSがそれを感知し，走行距離は加算されない。州内に再度進入すると，走行距離の加算が再開される。走行距離は車内のタグ（走行距離計に接続されたセンサー）で感知され，車内に搭載された記録媒体に記録される。

支払いはガソリン購入時にガソリンスタンドで行われる。ガソリンスタンドに設置された機器と車載器が狭域通信（DSRC）を行い，走行距離データが転送され，転送された走行距離を基に課金額が計算され，運転手に請求される。走行課金支払者は，従来の州ガソリン税支払いが控除される（図6-8）。

2) 課金エリア・課金道路

本格実施後は，オレゴン州内すべての道路が課金対象となる。ただし，社会実験はポートランド都市圏内の道路のみを対象として行われた。

3) 課金水準

課金額は，現行州燃料税（24セント／ガロン[7]）を乗用車平均燃料効率（20マイル／ガロン）で除した値1.2セント／マイルと設定された。すなわち，課金水準設定の根拠は，税収の中立性（現在の州燃料税の水準と同程度の税収とすること）であった。

(4) 導入までの流れ

既存車両に新しい電子機器を装備するのは高コストであるため，新車にのみに電子走行距離計の搭載を義務付ける予定である。したがって，走行距離課金制度は20年程度の期間をかけて，段階的に導入されることとなる。よって市場に完全に浸透させるには少なくとも20年の段階的導入期間が必要となる見通しである。この間，現行の燃料税と新しい走行マイル課金の2つの税システムを同時に機能させなければならない。

(5) プライバシー保護

GPSデータ等を用いるため，プライバシー保護の問題が懸念されるが，走行マイル料金計測に用いられる車載器は「州内の走行距離」と「州外の走行距

---

7) オレゴン州の燃料税は，1ガロン当たり24セントである。

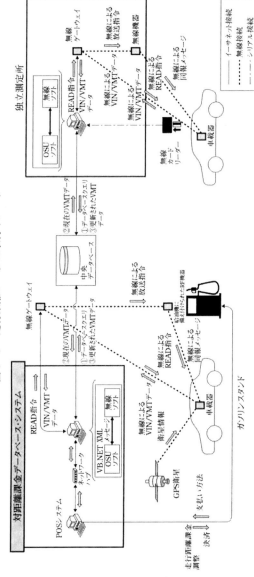

図6-8 走行距離データの取得イメージ

VIN：vehicle identification number.
VMT：vehicle milege traveled.
(出典) Oregon DOT (2007).

離」のみを記録し（社会実験期間中は，ポートランド都市圏の内外の情報も追加される），それ以上の情報（いつ，どの道路を走行していたか）は記録できないように設定されている。車載器自体に位置についての詳しいデータは記録されないので，送信されることもない。ガソリンスタンドでの支払いには，狭域通信（DSRC）を用いた送信が利用される。電波は8〜10フィートしか伝わらず，送信中に他者からデータ傍受される心配はない。

(6) 社会実験の概要（Oregon DOT（2007））

1）目的

対距離課金が将来，州燃料税を代替できるかの実現可能性を技術的，政策的側面から検討することを目的としている[8]。なお，資金出資者である連邦政府から，社会実験実施に関する要望として，「混雑地区でのピーク時の走行距離を測定する」「混雑税をターゲットとした被験者グループを形成し，実験する」の2つが伝えられ，これらを考慮した社会実験を行った。

2）課金エリア

ポートランド都市圏が社会実験の対象課金エリアであり，このうち，ポートランド都市圏の中心部が混雑税実施エリアとなった。

3）経緯

2005年秋　：予備実験：車両20台による予備実験を開始（8週間）

2005年秋冬：300台の参加者募集，社会実験参加者に機器を搭載する

2006年春　：混雑税導入（平日朝7〜9時，夕4〜6時）

2006年3月〜2007年：ボランティア参加者による実験（後半のみ課金）

2007年11月：最終報告書公表

4）混雑税

社会実験のための補助金を出している連邦からの要望に応じて，混雑税についても実験を行った。混雑税の実施エリアはポートランド都市圏の中心部のみで，平日朝7〜9時と夕4〜6時の課金額を引き上げ，それ以外の時間帯の水

---

8) DOTは実現可能性をはかる目的で実験を行っている。技術的な実現性，正確性，ガソリンスタンドでの実際の税徴収作業の実現性に着目している。

準を低く設定した。具体的には，混雑時10セント／マイル，非混雑時0.5セント／マイルとし，時間，場所にかかわらず1.2セント／マイルを課金される均一料金グループとの行動の違いが分析された。

5）結果

社会実験の実施により，技術的に，燃料税から対距離課金への移行が可能であることが確認された。また，参加者の91％が対距離課金への移行を支持した。

時間帯・地域によって課金水準を差別化することも技術的に可能であることが確認できた。また，課金水準の差別化により，ピーク時間の交通量を22％削減することに成功し，混雑課金と財源確保の両方の目的が達成可能であることが示された。

6.4　ま と め

欧州では，無料でまたは固定料金を払えば利用可能であった道路に対距離課金制度が導入されつつある。また，高速道路だけでなく，一般道路も含めた道路網が課金対象となりつつある。すなわち，道路利用の受益と負担の一致という原則に近づくための制度変更が行われてきているのであり，これらの事例はわが国における今後の道路整備財源を議論するにあたり，参考になる。

また，道路を建設，維持・更新するための財源を確保するための課金だけでなく，道路利用者が生み出している社会的費用（渋滞，温室ガス排出，大気汚染，騒音，交通事故等）を道路利用者に適切に課金するための仕組みおよびその影響の研究が全欧州レベルで行われている（詳細は第7章）。

欧州は一部を除き陸続きであり，人とモノの自由な交通を前提とした域内の市場統合が至上命題であることから，道路インフラへの課金，財源調達もそれぞれの国が自由に決めてよい問題ではなくなってきている。社会的費用を適切に道路利用者に負担させる（外部費用を内部化する）ための研究は，後述するとおり，欧州委員会の指令に基づいて行われている。現在加盟各国が採用している現行制度をふまえつつ，それらの仕組みを欧州全体で標準化していこうとする努力が今まさに行われているのである。

一方アメリカは，わが国同様，道路特定財源制度を持っており，財源調達面

よりも交通需要の調整（渋滞緩和）の面からさまざまな料金施策が実施されてきた。その実験を財政面から支えてきたのがバリュープライシング社会実験事業という連邦補助金であり、現在も全国で70事業が進められている。本書では触れることができなかったが、渋滞の激しい無料高速道路において一部の車線を有料化し、その車線のサービス水準を維持する HOT レーン（HOT：High Occupancy Toll. 乗員多数車両は無料とし、最低乗員数の要件を満たさない車両には課金する車線）の導入はその典型例である。

　このような中で、オレゴン州において車両の燃費効率向上による将来的な燃料税減収の懸念から、新たな財源調達手段としての対距離課金制度の実験が行われたことは特筆すべきである。オレゴン州が当初、均一の課金水準の採用を検討したのに対し、連邦政府から時間、地域によって料金水準を変動させるよう指摘があったこともまた興味深い。この結果、オレゴン州の対距離課金制度の社会実験事業は、財源調達と交通需要調整の両方の目的を併せ持つこととなった。燃費効率向上はオレゴン州特有の事象ではないため、オレゴン州の社会実験事業の成功を受け、同様の検討が全国的に広がる可能性もある。

　欧米の対距離課金制度の取り組みを分類すると、財源調達、外部費用の内部化、およびその組み合わせの3つに大きく区分することができる。特に、課金技術の革新および価格の低廉化により、3つ目に分類される目的を持つ対距離課金制度が検討されつつあり、一部で実施が始まっている。欧州全土レベルで行われている交通外部費用内部化調査は、この最良の事例であるため、第7章で詳しく取り上げる。

第7章　欧州における対距離課金の模索

7.1　はじめに

　本章では，2006年から開始された欧州委員会による交通外部不経済内部化調査（IMPACT プロジェクト）の検討内容を紹介する。その理解を容易にするため，まず欧州における対距離課金の法的根拠である欧州委員会指令等の経緯について触れておきたい。なお，現行の欧州指令では，道路課金の対象は大型車に限定されており，乗用車への適用拡大は今後の課題となっている。

7.2　欧州における対距離課金制度の法的根拠

7.2.1　1993年欧州理事会指令までの経緯（根本・松井（2005））

　EU は1958年1月の欧州経済共同体の設立以来，国境による一切の障壁を排除し，人・モノ・資本・サービスの自由な移動と取引を保証する共同市場の確立を目標としてきた。この共同市場の実現と発展において重要な役割を占めるのは交通であるが，加盟各国における交通政策・制度の相違が地域の効率的な経済発展を妨げ，加盟国間および輸送手段間の競争条件を歪めていた。そこで，加盟各国の交通政策を EU レベルで調整し，共通交通政策を確立することが課題とされてきたのである。

　道路交通に関しては，財政面すなわち道路関連税制や有料道路制度において統一化，調和化を図ることが必要とされた。この一環として，特に1980年代後半以降，大型貨物車に対する道路インフラ利用課金の導入に関する議論が盛んに行われてきた。

　1980年代後半に入ると，EC 域内における道路輸送市場の自由化が進み，輸送業者はその活動範囲を広げ，自国以外の国々の道路インフラを頻繁に利用す

るようになった。そのため，国籍原則に基づく車両税はもはや道路インフラ費用の回収方法として適切とはいえなくなった。そこで，輸送業者にインフラの利用度に応じて費用を適正に負担させる，領土原則に基づく道路料金制度への転換が課題とされたのである[1]。

車両税から道路料金制度への暫定的な移行措置を具体的に定めた1987年，1990年，1992年の欧州理事会指令案を経て，1993年に欧州理事会指令89号が採択された。指令89号は，最大許容積載重量[2]が12トン以上（連結車両を含む）の大型貨物車に対する車両税の最低税率の統一と，領土原則に基づく道路料金の規定等の内容を含むものであったが，欧州議会承認手続きの不備により1995年に無効化された。

7.2.2　1995年欧州委員会緑書と1998年欧州委員会白書

1990年代前半まで，大型貨物車課金の議論では加盟各国の道路税および料金制度の調和化が主眼とされていた。ところが，1990年代後半に入ると，自動車交通量の急増による混雑や環境問題の悪化を背景として，EUはより公平で効率的な制度の構築を指向するようになっていった。

1995年，欧州委員会は緑書 Towards fair and efficient pricing in transport を公表した（EC（1995））。緑書は自動車が引き起こす外部性の問題（道路混雑，大気汚染，騒音，交通事故等）の深刻化を認識しており，従来の交通規制（排出基準の厳格化など）だけではなく，道路税および料金制度を通じて道路の利用を抑制する必要性を唱えた。

さらに，欧州委員会は1998年，1995年緑書の内容を発展させた Fair payment for infrastructure use と題する白書を公表した（EC（1998））。同白書は，道路インフラを含む交通インフラ利用に対する価格（税金を含む）は，他の主体や環境への影響等の費用も含めた社会的限界費用全体に見合ったものとすべきこと（社会的限界費用価格形成）を提唱している。

また，1998年白書は道路インフラ利用課金に際して，電子料金徴収システム

---

1) 「国籍原則」とは車両所有者の所在地（国）で道路インフラ利用料金を徴収するという考え方であり，「領土原則」とは車両の走行地で徴収するという考え方である。
2) 最大許容積載重量とは，日本でいう車両総重量（車両重量＋最大積載量＋乗員重量）である。

の活用を推奨している。EU 加盟国で用いられている主要な技術には，DSRC（狭域通信）[3] と GPS（衛星位置情報システム）/GSM（移動体通信技術）[4] があるが，同白書は，前者と比較して後者は路側装置を必要としないため，長期的には費用の面で有利であると認識している。また，現在では加盟国が独自にさまざまな技術に基づく電子料金徴収システムを採用しているが，EU 域内の円滑な国際輸送を保証するために，技術の互換性を図る必要性があるとも主張している。

7.2.3　1999年欧州理事会指令

　1995年緑書と1998年白書に次いで，1999年，大型貨物車への道路インフラ利用課金を規定する欧州理事会指令62号が採択された。ただし，1995年緑書と1998年白書が課金導入の目的として，環境問題を含む外部性の問題の解決を掲げているのに対して，指令62号にはそのような記述はない。しかしその代わりに，同指令は車両の環境性能に応じた課金区分を設定しているなど，外部性の問題を意識した内容になっている。なお，このような課金区分は，1993年の指令89号には見られなかったものである。

　指令62号の主な内容は以下の通りである。

・課金の対象車両は，最大許容積載重量が12トン以上の大型貨物車に限定する。
・課金の対象道路は，高速道路とそれに類似する多車線道路，橋梁，トンネル，山岳路に限定する。
・課金は，走行距離に応じて課金する「通行料」と，利用期間に応じて課金する「利用者負担金」の2種類とする。橋梁，トンネル，山岳路を除き，この2つを同時に課金することはできない。
・通行料は，インフラの建設，運営，開発の費用に関連付けて算定する。なお，車両の排気ガス等級（ユーロ基準）と走行時間帯に応じて，料率を差別化することができる。
・課金収入の一部は環境保護と輸送ネットワークの均衡発展のために使用で

---

3)　コントロールゲートなどに設置された路側器と車載器の短距離間の双方向通信を支える技術。
4)　Global System for Mobile Communicationsの略。各車両の車載器と料金徴収センター間の通信を支える技術。

きる。

7.2.4 2001年交通白書

2001年に欧州委員会により公表された交通白書 (EC (2001)) は，まず当時および将来における交通による外部不経済への認識を示した後 (特に環境問題を重視)，利用者に外部費用を完全に反映したインフラ利用料金を負担させるべきことを提唱している。なお，外部費用を内部化した料金がインフラ費用を上回る分については，外部費用を削減するための特別会計に繰り入れ，環境面で優れたインターモーダル輸送等を促進するインフラ整備に支出することを提案している。

そのうえで白書は，EU の役割は，加盟各国が外部およびインフラ費用を価格に反映するイニシアティブの継続を保証するような枠組みを確立することにあるとし，1999年の69号指令の修正を要求している。これを受けて欧州委員会は，2003年に69号指令改正案を提出した。

また，2001年白書は1998年白書に引き続き，電子料金徴収システムの互換性を図る必要性を唱えており，具体的には欧州独自の GPS「ガリレオ」の開発と運用を通じて，将来的には電子料金徴収システムを GPS 方式に一本化することを目指している。同白書はそのための指令案の作成を提案しており，これを受けて欧州委員会は2003年に指令案を提出した。

7.2.5 2006年交通白書中間レビュー

2006年に入り，交通白書で掲げた目標の達成状況を検討し，必要に応じ計画の見直しを行うための中間レビュー (EC (2006)) を実施した。その結果，交通のうち旅客交通 (人キロ) では交通量増加率が GDP 成長率を下回っており，両者の切り離しに成功したことがわかった。しかし，貨物交通 (トンキロ) では GDP 成長率以上に交通が増加していることが明らかになった。2004年に欧州は15カ国から25カ国に拡大しており，2007年にはブルガリア，ルーマニアも加わった。広い範囲で生産・流通システムの再編が進められており，輸送距離の長い貨物交通も増えているのである。

明らかになったより深刻な問題は，それら貨物交通の増加を支えたのがトラ

ックであり，鉄道を用いたインターモーダル輸送の利活用が進まなかったことである。インターモーダル輸送サービスが普及しないことに関して，いくつかの原因が考えられるわけだが，そのひとつに資金不足から汎欧州交通ネットワークの優先プロジェクト（越境鉄道網など）の整備が思うように進んでいないことが指摘された。

　貨物交通の増加を受け，「経済成長以上に交通は増やさない」目標は撤回せざるをえなくなったわけだが，新しい目標として「経済成長以上に交通に伴う悪影響を増やさない」ことを掲げることにした。これなら「持続可能な交通の実現」の大義に抵触しない。しかも，自動車，航空機などの輸送機材単体の環境性能は向上しており，目標の達成が不可能ではないと思われた。

　しかし，同目標を掲げることになったため，新たに「悪影響」を正確に計測することが必要になった。交通白書においても，課金によるトラック輸送の抑制，汎欧州交通ネットワークの整備はうたわれていたが，現行の欧州共通有料道路課金指針（ヴィニエット課金指針）は，道路の新設，維持管理費用の計測，課金方法を定めたもので，悪影響である外部不経済（混雑，大気汚染（局地汚染，気候変動），騒音，交通事故など）は対象となっていない。そのため，中間レビューでは踏み込んで，「2008年6月10日までに，すべての輸送手段に関して，外部不経済を含むすべての費用をレビューし，課金シナリオを考え，同シナリオの影響を計測するためのモデルを開発する」と宣言することとなった。

　さらに，混雑などの外部不経済に応じてインフラ利用者へ課金をするためには，情報通信技術を用いて賢い課金（smart charging）を行う必要があると主張している。近年のスイス大型車対距離課金，ドイツ大型車対距離課金，ロンドン混雑課金などの成功例の刺激を受け，情報通信技術を活用し，場所や時間帯に応じてきめ細かく課金する方法を検討することとなったのである。

7.2.6　2006年欧州委員会（または理事会）指令

　2006年，課金対象道路・車両の拡大，課金限度額の引き上げ，インフラ費用のみでなく外部費用の内部化を意図した料金設定の許可という方向で強化された同指令の改正（欧州委員会指令2006/38/EC）が公布された。主な改正のポイントは以下のとおりである。

(1) 課金対象車両の拡大（12トン以上から3.5トン以上へ）

・（課金対象となる）車両は，道路貨物輸送を主たる目的とし，最大積載許可重量が3.5トン以上の自動車または連結式車両を指す。

　　改正前：（課金対象となる）車両は，道路貨物輸送を主たる目的とし，最大積載許可重量が12トン以上の自動車または連結式車両を指す。

(2) 課金可能な道路の拡大（高速道路のみからネットワーク全体へ）

・加盟国は補完性の原理を考慮し，条約に従い，汎欧州交通ネットワーク以外の道路においても料金／利用者課金を適用可能にしなければならない。

　　改正前：課金対象となる道路は，高速道路とそれに類似する多車線道路，および橋梁，トンネル，山岳地帯を通過する道路のみとするべき。ただし，安全面を考慮して課金すべきと判断された場合については，一般道路においても課金は可能。

(3) 課金限度額の引き上げ

・表7-1の通り課金限度額が引き上げられた。

(4) 料金水準算出の根拠である「建設コスト」の定義の明確化

・1999/62/EC では，インフラの建設，運営，維持および発展をインフラコストと定義していた。このうち建設コストとしてどのようなものを計上するかについて明確にするための条文を設けるべきである。

(5) 外部コスト内部化のための計算原則の検討指示

・将来「汚染者負担」の原則を適用し，すべての交通モードについて外部コストを内部化するための，科学的な観測データに基づき，かつ統一された計算原則を開発するべきである。

・欧州評議会は，将来のインフラ課金額の計算のため，すべての交通モードについて，一般的に適用可能で，透明性が高く，包括的な外部コストの評価モデル作成に着手すべきである。

・欧州評議会は，2008年6月までに，環境，騒音，混雑，健康に関するコス

表7-1 欧州指令における大型車課金水準

1993/62/EC ANNEX II に基づく
大型車利用課金額

(単位：ユーロ/年)

	3軸以下車両	4軸以上車両
NON-EURO	960	1,550
EURO I	850	1,400
EURO II 以上	750	1,250

2006/38/EC ANNEX II に基づく
大型車利用課金額

(単位：ユーロ/年)

	3軸以下車両	4軸以上車両
EURO 0	1,332	2,233
EURO I	1,158	1,933
EURO II	1,008	1,681
EURO III	876	1,461
EURO IV 以上	797	1,329

(注) EUROは排出性能を表す。大きいほど排出性能が高い。

トを含むすべてのオプションを考慮し，一般に適用可能で，透明性が高く，包括的な外部コスト評価モデルを作成し，将来のインフラ課金額計算の基礎を築かなければならない。

なお，同規定を受けて欧州委員会が交通インフラ利用の外部不経済（社会的費用）の推計方法およびその内部化のための政策について検討を開始している。その検討内容については，次節で触れる。

7.3 欧州委員会による交通外部不経済内部化調査 （IMPACT プロジェクト）

欧州では，前述の欧州委員会指令2006/38/EC 指令に基づき，インフラ費用の回収のための目的だけでなく，交通インフラの利用者に対し，発生させている外部費用を負担させる課金の仕組みが検討されている。同指令は，2008年6月までに，交通インフラ利用の外部費用を内部化するためのモデルを構築することを指示している。

この指示を受け，欧州委員会エネルギー・運輸総局（DG TREN）は，交通外部不経済内部化調査プロジェクト（IMPACT：Internalizing Measures and Policies for All external Cost of Transport, 以下 IMPACT プロジェクト）を立ち上げ，直轄の研究所および外部研究機関との協力の下，すべての交通手段の外

部費用を試算するとともに，その外部費用を利用者に負担させるための政策枠組みを検討している。

　前者の外部費用については既存研究のレビューを基に，試算結果および試算方法が公表されている。一方，後者の政策枠組み（課金・課税の方法および水準等）についてはいくつかのシナリオが検討されている。そこで，以下では，外部費用の試算方法について整理するとともに，現段階で検討を進めているシナリオ案の骨子を解説する。

7.3.1　外部費用の試算

　交通外部不経済内部化調査プロジェクトの主要成果の一つが，交通外部費用の原単位の推定方法および推定結果を示したハンドブックである（CE Delft (2007)）。これは，関連する膨大な既存研究のレビューを基に，交通部門における外部費用の推定方法を示し，その結果としての外部費用の原単位を示したものである。これらの手法や原単位は，加盟国各国が必ず適用すべきものではなく，今後加盟各国が外部費用の内部化政策を行う際に参照すべきものという位置づけであり，その意味でハンドブックという名称が用いられている。

　交通インフラの利用者が発生させている外部費用として，本ハンドブックは，混雑，事故，大気汚染（PM, NO_x，オゾン等の排出），騒音，気候変動（CO_2等の温暖化ガスの排出），その他を挙げている。その他には，自然・景観，土壌・水質汚染，交通の原動力となるエネルギー生産の間接費用，原子力発電のリスク，自動車・鉄道車両等の生産・維持管理・処分による環境影響，インフラ建設・維持管理・処分による環境影響等，多岐にわたる外部費用が挙げられている。

　以下に，ハンドブックが推定した外部費用の原単位のうち自動車利用者が発生させている外部費用の原単位を示す（表7－2）。混雑，事故等の各外部費用項目について，車種別，時間帯別，道路種別の分類で1km走行当たりの費用原単位が示されている。例えば，乗用車がピーク時間に都市内道路を1km走行することにより発生させている外部費用の合計額は38.4ユーロセント（約60円）であり，そのほとんどが混雑費用30ユーロセント（約48円）となっている。

142 第3部 欧米における対距離課金の実際

表7-2 道路交通の外部費用

(単位：ユーロセント／台km)

			乗用車		大型車	
			原単位	幅	原単位	幅
騒音	都市内	昼間	0.76	0.76-1.85	7.01	7.01-17.01
	都市内	夜間	1.39	1.39-3.37	12.8	12.8-31
	都市間	昼間	0.12	0.04-0.12	1.1	0.39-1.1
	都市間	夜間	0.22	0.08-0.22	2	0.72-2
混雑	都市内	ピーク	30	5-50	75	13-125
	都市内	オフピーク	0		0	
	都市間	ピーク	10	0-20	35	0-70
	都市間	オフピーク	0		0	
事故	都市内		4.12	0-6.47	10.5	0-13.9
	都市間		1.57	0-2.55	2.7	0-3.5
大気汚染	都市内	ガソリン	0.17	0.17-0.24		
	都市内		1.53	1.53-2.65	10.6	10.6-23.4
	都市間	ガソリン	0.09	0.09-0.15		
	都市間	軽油	0.89	0.89-1.8	8.5	8.5-21.4
気候変動	都市内	ガソリン	0.67	0.19-1.2		
	都市内	軽油	0.52	0.14-0.93	2.6	0.7-4.7
	都市間	ガソリン	0.44	0.12-0.79		
	都市間	軽油	0.38	0.11-0.68	2.2	0.6-4
エネルギーの間接費用等	都市内	ガソリン	0.97	0.97-1.32		
	都市内	軽油	0.61	0.61-1.05	3.1	3.1-6.9
	都市間	ガソリン	0.65	0.65-1.12		
	都市間	軽油	0.45	0.45-0.92	2.7	2.7-6.7
自然・景観	都市内		-		0	
	都市間		0.4	0-0.4	1.15	0-1.15
土壌・水質汚染	都市内／都市間		0.06	0.06-0.06	1.05	1.05-1.05
合計						
都市内	昼間ピーク		36.7	7.1-61.1	109.8	35.5-192
	昼間オフピーク		6.7	2.1-11.1	34.8	22.5-67
	夜間オフピーク		7.4	2.8-12.7	40.6	28.2-80.9
都市間	昼間ピーク		13.3	1.0-25.2	54.4	13.3-109
	昼間オフピーク		3.3	1.0-5.2	19.4	13.3-39
	夜間オフピーク		3.4	1.0-5.3	20.3	13.6-39.9

(出典) "Handbook on estimation of external cost in the transport sector" 2007年

7.3.2　課金シナリオの検討

　交通外部不経済内部化調査は欧州委員会エネルギー・運輸総局が，他部局，直轄の研究機関，外部コンサルタントの協力を得て進めている。理論的な整理，データの収集は外部コンサルタントが担っている。課金のシナリオ作成は新たに設置された局間調整委員会が行うことになった。シナリオの影響評価は，欧州ジョイント・リサーチセンター（直轄の研究機関）のひとつである未来技術研究所（The Institute for Prospective Technological Studies）が開発した交通ネットワークモデル，環境総局が開発した交通環境モデルを用いることとなった。このうち交通ネットワークモデルは道路，鉄道，航空，内陸水運をカバーするモデルで，旅客・貨物交通量，交通費用，GDP，環境負荷などを出力することができる。

　興味深いのは未来技術研究所などでシミュレーションで実験に用いている課金シナリオ代替案である（図7-1参照）。欧州委員会が導入したい施策をうかがい知ることができる。シナリオ1では，車両購入税を廃止するとともに，大型車定額課金を対距離課金に変更している。シナリオ2では，大気汚染，交通事故，騒音，混雑に対応する外部不経済を燃料税で徴収している。シナリオ3では，高速道路だけでなくすべての道路を対象に，都市間，都市内で差別化した対距離課金を導入する。図中，追加対距離課金が台形となっているのは都市間，都市内で単位距離当たりの課金額が違うことを示している（例えば，表7-2で示すように，乗用車の事故の外部費用は都市内で4.12セント，都市間で1.57セントである）。シナリオ4は，環境費用に混雑費用を加えるとともに，インフラ費用に関しても道路別，車種別に限界費用を課すものである。シナリオ5は，シナリオ4と同じ設定だが，乗用車に関してはシナリオ1のタイプに簡略化するものである。なお，これら課金シナリオは公表時には組み直される可能性は高いが，基本的な考え方は維持されるものと思われる。

　なお，課金収入の使途に関しても，「一般財源への組み入れ」「交通目的財源」「所得税減税」の3つの代替案が考えられたが，最初に「一般財源への繰り入れ」を前提にシミュレーションを実施することになった。逆に言えば，一般財源化された交通利用者の負担の目的財源化が検討の俎上に上っているということである。どのような結果が出るか，2008年内に出される最終報告書に期

図7-1 課金シナリオの例

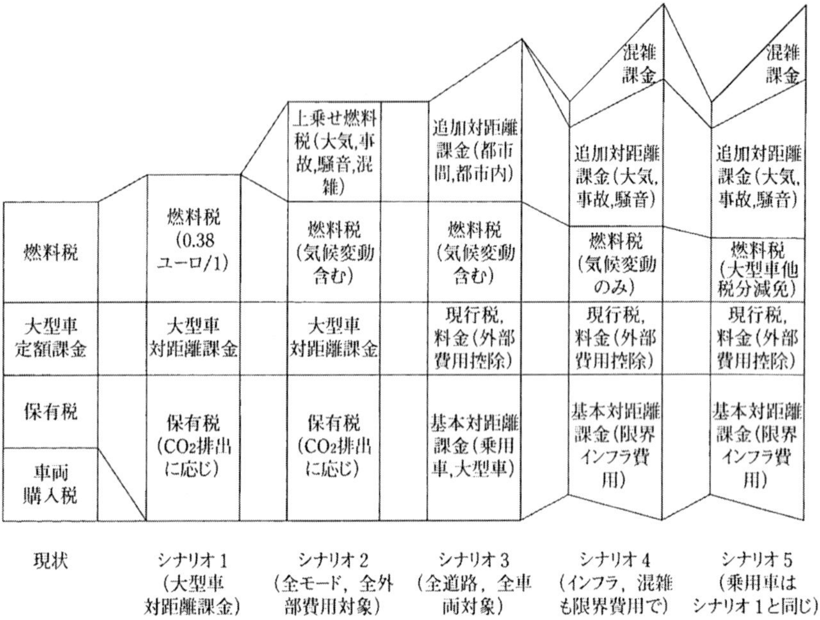

現状	シナリオ1	シナリオ2	シナリオ3	シナリオ4	シナリオ5
				混雑課金	混雑課金
		上乗せ燃料税(大気,事故,騒音,混雑)	追加対距離課金(都市間,都市内)	追加対距離課金(大気,事故,騒音)	追加対距離課金(大気,事故,騒音)
燃料税	燃料税(0.38ユーロ/1)	燃料税(気候変動含む)	燃料税(気候変動含む)	燃料税(気候変動のみ)	燃料税(大型車他税分減免)
大型車定額課金	大型車対距離課金	大型車対距離課金	現行税,料金(外部費用控除)	現行税,料金(外部費用控除)	現行税,料金(外部費用控除)
保有税	保有税(CO2排出に応じ)	保有税(CO2排出に応じ)	基本対距離課金(乗用車,大型車)	基本対距離課金(限界インフラ費用)	基本対距離課金(限界インフラ費用)
車両購入税					
現状	シナリオ1(大型車対距離課金)	シナリオ2(全モード,全外部費用対象)	シナリオ3(全道路,全車両対象)	シナリオ4(インフラ,混雑も限界費用で)	シナリオ5(乗用車はシナリオ1と同じ)

待したい。

7.4 ま と め

　欧州で検討されている対距離課金は車種・道路種・時間帯別に課金水準を変えようとするものである。それぞれの道路利用者に対し，道路損傷，混雑費用，環境費用等の発生の程度に応じて負担を求めるもので，単純明快な原則にのっとっている。また，運用上の技術的課題も徐々に解決されており，今後も欧州各国に対距離課金制度の普及が進んでいくであろう。ただし，課金制度の変更により，これまで十分に費用を負担していなかった利用者にとっては負担が増えることになるため，既得権益者からの反発をいかに抑えるかという大きな政治的な課題が残っている。現状に近いシナリオから徐々に受益と負担の一致を

高めるシナリオへと段階的なシナリオを検討しているのは，現行の制度から徐々に理想の状態に近づけるための政治的配慮であると考えられる。実際，シナリオの設定については欧州委員会内でも議論の対象となっている。シナリオに基づくシミュレーションの実施とその結果の公表は，課金制度の変更による社会的便益を示すことでもあり，導入の促進に大きく貢献するものと考えられる。今後の展開に期待したい。

第4部 費用と負担の一致による
費用回収の最適化

第8章　車種間の費用と負担の一致による費用回収の最適化

8.1　はじめに

　第2章でもみたように，これまでの一般道路整備の財源調達においては，財源の基本理念としての受益者負担と，実際の財源制度としての道路特定財源制度の間に乖離が存在した。すなわち，これまでの道路特定財源制度における受益者負担とは，日本全国というとても大きな枠組みの中で「(不明確な) 受益」と「負担」の一致を目指すものであり，特定の地域で，特定の車種の自動車を，特定の形態で利用する道路利用者にとっての「(明確な受益としての) 費用」と「負担」が一致することは保証されていなかったと言えるだろう。実際に，第3章および第4章の分析からは，車種間，地域間においてインフラ費用の水準と道路利用者の負担水準が大きく乖離していることが示されている。

　戦後，わが国における一般道路の整備水準は著しく低かった。それゆえ，その後，高度成長期に至るまで，一般道路整備に対する個々の道路利用者のニーズには大きな違いがみられなかったと考えられる。しかし，ナショナルミニマム水準での一般道路整備が達成されつつあり，地域ごとに一般道路整備の長期目標の達成度合いに違いが生じてきている今日，道路利用者ごとのニーズに合った，無駄のない一般道路整備への転換が求められているのである。

　ただし，道路利用者は，それぞれ固有の利用の地域，利用の車種，利用の頻度，利用の形態などを持ち，その一般道路とのかかわり合いは多様である。それゆえ，単純に費用と負担を一致させることは困難である。

　本章と第9章では，道路利用者の区分にあたって「車種ごと」と「地域ごと」という2つの観点を示すとともに，現在の道路整備事業費を前提とした上でインフラ費用回収を行うにあたって，それぞれ道路利用者の費用と負担のさ

らなる一致を実現する施策の余地を検討する。簡単に述べると，本章で取り上げる「車種ごと」の観点とは，乗用車と貨物車など，明らかに利用目的が異なり，道路に対して及ぼす影響も異なる道路利用者ごとに，費用と負担の比較を試みるものである。また第9章で取り上げる「地域ごと」の観点とは，北海道と沖縄県など，明らかに利用形態が異なり，道路の整備環境も異なる道路利用者ごとに，費用と負担の比較を試みるものである。

以上の問題意識に基づき，本章では，8.2節において，「車種ごと」の観点から考える道路整備の財源調達の問題について，その所在を明らかにする。次に，8.3節において，費用と負担の一致を考えるツールとして「費用負担プール」の概念を提起するとともに受益者負担の徹底水準の評価基準を示し，本章で取り上げる問題に関する仮説を提示する。さらに8.4節において，共通費の配賦基準の提示，道路利用の価格弾力性を需要関数の推定を通じて導出するなど，分析の前提条件を示す。その上で，8.5節では，車種ごとに対距離課金を導入することによる受益者負担の徹底の効果を検討する。最後に，8.6節で本章のまとめを行う。以上の分析を通じて，費用負担プール間の費用と負担の一致の観点として「車種ごと」の観点を用いた場合における受益者負担の徹底の効果を検証することが，本章の目的である。

8.2 問題の所在

8.2.1 問題設定

道路は，乗用車や貨物車，バスといったさまざまな車種が同時に利用するものである。何らかの法規制を課さない限り，交通サービス市場としての道路を分割することはできない。しかしながら，その一方で道路の走行に必要な機能（舗装の厚みなど）や走行時の損傷度は，車種ごとに大きく異なる。したがって，車種ごとに費用と負担の一致を図ることはきわめて重要である。

現行の自動車関係諸税において，走行段階課税は油種別の燃料税によって構成されている。これは，燃料の消費量が自動車の走行距離と関連性を有しているとの想定に基づいている。しかしながら，この燃料税は車種間の負担格差の問題を抱えている。これまでにも多く指摘されてきているように，走行段階課

第8章　車種間の費用と負担の一致による費用回収の最適化　　151

図8-1　OECD諸国における油種別燃料税の課税水準とその比率

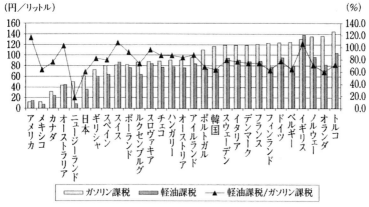

(注)　2006年10月～12月の水準。
(出所)　全国道路利用者会議(2007)『道路ポケットブック2007』。

　税を構成する燃料税の課税水準は油種間で大きく異なる。このガソリン税額に対する軽油税額の比率をみるとき，わが国における比率(59.9%)は，OECD諸国の平均値(78.0%)を下回る(図8-1)。図8-1からは，わが国が，OECD諸国の平均水準以上に，貨物車の通路費の適正な負担よりも産業の保護に重点を置いてきたことが読みとれ，これが一般的な車種間の負担格差問題を指摘する根拠となっている。

　ただし，乗用車(主にガソリン車)と貨物車(主にディーゼル車)では，平均燃料消費量が異なるため，乗用車と貨物車の車種別の課税水準の比較にあたっては，平均燃料消費量の考慮が必要である。平均燃料消費量と物価変動を考慮した，車種別課税水準を表したものが図8-2である。

　図8-2からは，平均燃料消費量の水準を考慮すると，車種別の課税水準(円/台km)は乗用車と貨物車でほぼ同水準であり，油種別の課税水準のみを対象とした，表面的な批判は当たらないことが読み取れる。この車種別の課税水準が，受益者負担の観点から適正かどうかを考えるにあたっては，当該車種が一般道路を走行するために生じる道路整備費用，すなわち道路利用における車種別の回避可能費用と比較することが必要である(図8-3)。

図8-2 走行段階の車種別課税水準

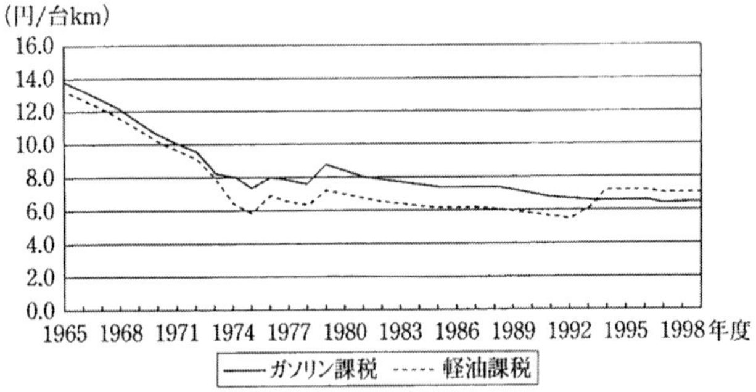

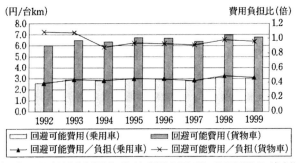

(出所) 国土交通省総合政策局(各年)『自動車輸送統計年報』,総務省統計局(各年)『消費者物価指数年報』,『道路交通経済要覧』から筆者推定。

図8-3 車種別回避可能費用と負担水準

(出所) 国土交通省道路局監修(各年)『道路統計年報』,建設省道路局(各実施年)『道路交通センサス一般交通量調査基本集計表』および『道路交通経済要覧』から筆者推定。

　図8-3は,受益者負担の観点からは,車種別の負担水準に格差が生じていることを表している。すなわち,乗用車の回避可能費用が燃料税負担の約半分であるのに対し,貨物車の回避可能費用は,燃料税負担とほぼ同一水準である。このような費用と負担の乖離が存在する場合,過大負担の車種(乗用車)では,本来の価格であれば道路サービスを利用していたにもかかわらず利用を断念した消費者が存在すると考えられる。またその反対に,過小負担の車種(貨物

車）では，本来の価格であれば道路サービスを利用しなかったにもかかわらず利用している消費者が生じていると考えられる。これらの問題は，資源配分のゆがみ，すなわち社会的余剰の損失を引き起こしている。この考え方に基づけば，受益者負担に基づく車種別の課税水準を採用することによって，社会全体における社会的余剰の増加を図ることが可能であると考えられる[1]。

8.3 「費用負担プール」の概念

8.3.1 「費用負担プール」の必要性

上述したように，受益者負担の考え方は政府が公共財（一般道路）を供給（整備）する際に必要となる財源調達に対して価格代替機能の考え方を適用する考え方であり，「車種ごと」の観点に基づき，その「費用と負担の一致」を図っていくことが重要である。

しかしながら，「受益者負担の徹底」と「費用と負担の一致」は同義語ではない。言い換えるならば，ただ単に「費用と負担の一致」を図ればよいという問題ではないのである。確かに，道路利用者ひとりひとりの「費用と負担の一致」の水準が高まるにしたがって，価格代替機能が十分に発揮され，価格代替機能が発揮されなかったときに生じていた損失は逓減することが期待される。

その一方で，政府が，道路をはじめとする社会資本を広くあまねく整備する役割を担っていることも事実である。たとえば，一般道路の長期構想は，国土係数理論を援用した「道路網密度論」[2]という基準に基づき策定されてきた。

---

1) なお，このほかにも，近年の自動車の燃費改善，自動車燃料の多様化を背景として同一車種内でも費用と負担の乖離問題が生じており，この問題はさらなる車種の区分などが必要となると考えられる。

2) 一般道路などの社会的インフラの整備水準は，当該インフラを取り巻く環境等によって外生的に決定されうる。「道路網密度論」とは，一般道路の長期構想の策定にあたって，「安全・円滑な道路交通の確保」，「良好な生活環境の形成」，「道路網整備の目的の効率的達成のための体系的整備」という目的の下で，望ましい道路網の全体規模を導出するために用いられた理論である。代表的な理論が，元一級国道および元二級国道の第1次指定の際に，藤井真透博士の国土係数理論を援用して検討された「（国道の）道路密度は人口密度の平方根に比例する」という考え方である（越・杉山・山根（1985））。ただし，将来の交通需要の減少，地域ごとの人口減少等を踏まえた検討，修正が必要であることは言うまでもない。詳しくは，越・杉山・山根（1985），建設省近畿地方建設局（1985）などを参照されたい。

図8-4 費用と負担の一致に基づくトレードオフ問題

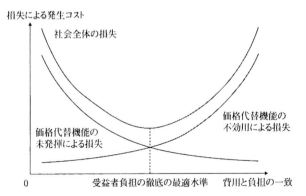

この道路整備における前提条件に基づくならば，負担に比べて費用が大きいからといって，簡単に費用を小さくすることはできない。たとえば地域を軸として考える場合，地方部など交通需要密度が低い地域では，必要最低限の道路を維持更新する費用が，一般的に受け入れ可能な負担水準を大幅に上回ることも容易に想定できる。この問題は，道路利用者ひとりひとりの「費用と負担の一致」をほとんど考慮せずに「どんぶり勘定」で財源調達を行っているときにはほとんど生じない。しかしながら，「費用と負担の一致」を考慮し，「どんぶり」を小さくしていくにつれて，この価格代替機能の不効用は大きくなっていくと考えられる。

以上の議論から，「受益者負担の徹底」水準は，道路利用者ひとりひとりの「費用と負担の一致」の水準を高めるにしたがって減少していく「価格代替機能の未発揮による損失」と，増加していく「価格代替機能の不効用による損失」を踏まえた上で，決定されるべきものであることがわかる。このトレードオフ問題を表したものが図8-4である。

このトレードオフ問題を解くにあたっては，多様な道路利用者ひとりひとりの費用と負担を管理して，最適な「費用と負担の一致」水準（受益者負担の徹底の最適水準）を達成するための枠組みが必要である。ここではその枠組みとして，「すべての構成員（道路利用者）の，一般道路整備にかかわる費用と負担を管理し，価格（税額）形成，整備水準を通じて自己完結的に収支を管理する

会計単位」としての「費用負担プール」の概念を提起する。また，「多様な利用者を何らかの基準を用いて区分し（第一段階），費用負担プールごとにその構成員（道路利用者）の平均的な費用責任額を計測し（第二段階），自動車関係諸税の変更を通じて最適な負担を求めていく（第三段階）行政活動」を「費用負担プール化」と呼ぶ。たとえば，現行の道路特定財源制度は，実態として全国をひとつの「費用負担プール」とみなした上で，それを構成する全国の道路利用者の平均的な受益を計測し，自動車関係諸税を通じて負担を求めるという，全国単一の「費用負担プール」であると考えることができる。

　すなわち，これまで述べてきた「受益者負担」の考え方は，「費用負担プール化」の枠組みを規定する概念に過ぎず，明確化しただけでは，実際の一般道路整備における「費用と負担の一致」，「受益者負担の徹底」にはつながらない。多様な道路利用者の存在を前提として，複数の「費用と負担の一致」の観点を示し（第一段階），明確化された受益者負担に基づき，費用負担プールごとに道路利用者の平均的な費用責任額を計測し（第二段階），自動車関係諸税の変化を通じて望ましい負担水準を導出する（第三段階）という一連の費用負担プール化の作業を行うことで，明確化された受益者負担が活用可能になると考える。

8.3.2 「費用と負担の一致」の捉え方

　「費用負担プール」の概念を，「費用と負担の一致」の各観点に基づいて実際に適用するとき，重要な要素は，「費用と負担の一致」度合いをどのように表現するか，である。この「費用と負担の一致」度合いについて，大きく分けて，以下の2つの問いが考えられる。

　第一の問いが，「費用負担プールをどのような水準の規模で設定するべきか」というものである。費用負担プールの規模を小さく設定する場合，費用負担プールの構成員の道路利用に伴う費用と負担が費用負担プール内で大きく異なることがないために価格代替機能が十分に発揮される。その反面，費用負担プールあたりの道路利用者数が少なくなるため，人口密度が低い（1人当たりの整備面積が広い），地形が急峻（単位整備費用が高い）など，厳しい整備環境の費用負担プールでは，道路整備の長期構想に示される水準の達成を目的とした道

路整備によって，当該費用負担プールを構成する道路利用者の負担が非常に高くなる，ひいては当該費用負担プールの収支が逼迫するなど，価格代替機能の不効用による損失が増加する。反対に，費用負担プールの規模を大きく設定する場合，費用負担プールの収支の逼迫など，価格代替機能の不効用による損失は減少するものの，費用負担プール内に多様な道路利用者が混在することになるため，費用負担プールの構成員（道路利用者）間の費用と負担が乖離し，価格代替機能の未発揮による損失が増加する。

　第二の問いが，「費用負担プール間の内部補助率をどの程度認めるべきか」という問いである。価格代替機能の発揮を重視して，費用負担プールの規模を実現可能な水準で最も小さく設定するとしよう。このとき，費用負担プールをどのように運用していくべきだろうか。上述したように，価格代替機能の側面からは，費用負担プールの定義に基づき，費用負担プールごとに自己完結的に道路利用者の費用と負担を管理していくことが好ましい。

　ただし，費用負担プールの規模を小さく設定する場合，増加する運用制約への対処が必要である。この運用制約について，費用負担プールの定義のうち，「自己完結的に収支を管理する」という収支制約条件を緩和し，整備環境に余裕のある費用負担プールから整備環境が厳しい費用負担プールへの内部補助を一定の水準に限って容認することによって解決することが考えられる。この場合，許容する内部補助率が低いと，価格代替機能が発揮されるものの，価格代替機能の不効用による損失は大きいままである。その一方で，高い内部補助率を認めた場合，価格代替機能の不効用による損失は減少するものの，価格代替機能の未発揮による損失が増加するという問題が発生する。費用負担プール間の内部補助率は，これら費用負担プール間の内部補助水準に基づき生じる得失を踏まえた上で，決定される必要がある[3]。

8.3.3 「費用負担プール」における費用配賦方法

　ある「費用負担プール」を設定したとき，次の課題はその「費用負担プール」の構成員（道路利用者）間でどのように費用を配賦するかという問題である。

　社会的余剰の最大化の実現という観点からは，限界費用に基づく価格形成が

第8章　車種間の費用と負担の一致による費用回収の最適化　　157

最も望ましい手法である。しかしながら，限界費用価格形成が抱える，財源調達における最大の問題は，規模の経済性の下では収支が赤字になってしまう点である。すなわち，道路のように規模の経済性が想定される財に限界費用価格形成を適用した場合，その整備にかかる費用のすべてをまかなうことはできない。わが国の財政状況を考えると，今後，道路整備に対する一般財源のさらなる投入は期待できず，現実的には，限界費用価格形成の赤字問題を補う次善の価格形成が必要となる。

　代表的な次善の価格形成がRamsey（1927）によって示されたラムゼイ価格形成である。ラムゼイ価格を簡単に導出すると以下のようになる。政府が，乗用車交通と貨物車交通の2種類の交通サービスを生産しているとし，また，これら交通サービスに対する需要が互いに独立しているとすれば，各交通サービス市場の需要関数，政府の費用関数は以下のように定義される（式(8-1)および式(8-2)）。

$$q_i = q_i(p_i) \quad (i=1,2)$$

　　q_i：第i番目の交通サービス市場の生産量　　　　　　　　　　　　（8-1）

　　p_i：第i番目の交通サービス市場の価格

---

3)　運輸経済研究センター（1985）は，内部補助を，「単一事業体において，個別の生産（事業）活動の間で，ある生産（事業）活動によって生じる欠損を，他の生産（事業）活動による剰余によって補塡する行為」と定義している。すなわち単独では成立しないサービスに対して，関連するサービスから補助を与えることで，当該サービスを存続させる行為である。また一般に，内部補助に対しては，公平性と効率性の両面から問題点が指摘される。前者は，補助が必要な不採算のサービスは社会全体の負担でまかなうべきであり，偶然収支が良好な関連サービスの利用者に負担を求めることで，所得配分上の不公平が生じかねない，という議論である。後者は，内部補助によって支払意思額が費用に満たない需要者の利用および支払意思額が費用を上回る需要者の非利用が生じることで，資源配分上の非効率がもたらされる，という議論である。また，所得の移転の発生による非効率も指摘される（間接的な所得移転（内部補助）は直接的な所得移転に比べて非効率）。

　なお，運輸経済研究センター（1985）は，内部補助の負担者が納得する基準として，(1)先発者の利益の還元，(2)利用可能性に対する支払い，(3)具体的な基準の設定，(4)画一料金制，(5)地域的な連帯感，という5つの基準を示しているが，具体的数値の提示までには至っていない。

$$C = C(q)$$

    C：政府の費用関数   （8-2）

    q：生産量を示すベクトル

　社会的純便益（NSB）は，消費者余剰（CS）と費用関数（C(q)）の差分である。すなわち，CSを逆需要関数 $p_i = p_i(q_i)$ $(i=1,2)$ で表記し，かつ収支制約条件 $\sum_{i=1}^{2} p_i \cdot q_i - C(q)$ を追加すると，政府の社会的純便益（NSB）最大化行動は以下のように表すことができる（式（8-3））。

$$\max NSB = \sum_{i=1}^{2} \int_0^{q_i} p_i(q_i)\,dq_i - C(q) \quad \text{s.t.} \sum_{i=1}^{2} p_i \cdot q_i - C(q) = 0 \tag{8-3}$$

　式（8-3）より，ラグランジュ関数は式（8-4）のように表され，これを解くことで式（8-5）という既知のラムゼイ価格の条件が導出される。

$$L = \sum_{i=1}^{2} \int_0^{q_i} p_i(q_i)\,dq_i - C(q) + \lambda \cdot \left(\sum_{i=1}^{2} p_i \cdot q_i - C(q) \right) \tag{8-4}$$

$$\frac{p_i - MC_i}{P_i} = \frac{K}{\varepsilon_i} \quad (i=1,2) \tag{8-5}$$

ただし，$MC_i = \dfrac{\partial C}{\partial q_i}$, $K = \dfrac{\lambda}{1+\lambda}$, $\varepsilon_i = -\dfrac{dq_i}{dp_i} \cdot \dfrac{p_i}{q_i}$ である。

　式（8-5）の左辺が価格と限界費用の乖離度合いを，右辺が価格弾力性 ε_i の逆数とラムゼイナンバー K の積を表しているため，ラムゼイ価格は，結合生産される複数の交通サービスそれぞれの市場における価格の限界費用からの乖離の割合が，そのサービスに関する需要の価格弾力性に反比例するような価格となる。

　このように，ラムゼイ価格形成は，収支制約の下で，社会的便益の最大化を志向する価格形成であり，費用負担プールの概念とも整合がとれる考え方と言える。したがって，本章および第9章における費用回収の最適化問題の検討に当たっては，受益者負担の徹底の最適水準を導出する費用の配賦基準として，費用負担プールの定義とも合致する，ラムゼイ価格形成を用いることとしたい。

第8章　車種間の費用と負担の一致による費用回収の最適化　　159

8.3.4　仮説の導出

以上の議論から，本章では，以下の仮説を導出する。

「全道路種別でひとつの費用負担プールを設定した上で，区分が可能な車種間でラムゼイ価格形成を通じた受益者負担の徹底を図ることにより，社会的余剰の増加が可能である」

上記の仮説について，以下，考察を加える。

8.4　分析条件の設定

8.4.1　費用負担プールの設定と費用負担プール内の費用配賦基準

8.5節における対距離課金の検討は，乗用車と小型貨物車および普通貨物車の3つの車種グループから構成される全国ひとつの費用負担プールに基づき実施するものである。そして，この費用負担プール内においては様々な費用配賦基準が考えられるが，上述したように，費用負担プールの概念と一致する，ラムゼイ価格形成を用いて3つの車種グループ間で費用配賦を行う[4]。

8.4.2　回避可能費用と共通費

本章では，車種ごとに帰属可能な費用を推定し，それを走行台キロ当たりにならす手法によって推定される回避可能費用を，ラムゼイ価格形成を適用するにあたっての限界費用として採用する。

費用負担プールごとの総回避可能費用と共通費の区分および総回避可能費用の車種ごとへの配賦にあたっては，山内（1987）に示される費用配賦基準を援用する。なお，ここで検討される共通費とは，総費用から一般財源投入分を差し引いた上で，山内（1987）において示された総回避可能費用と共通費の比率によって配賦された共通費全体から，取得および保有段階課税収入を差し引いたものである。なお，前述したように，ここで総費用から一般財源投入分を差し引いたのは，道路利用者の費用責任額を，道路の機能のうち，トラフィック

---

4)　道路関連税の分析にラムゼイ価格形成を適用した既存研究としては，McGillivray, Neels and Beesley（1978）や山内（1987）などがある。

機能に限定するためである。道路の機能のうち，トラフィック機能と他の空間機能およびアクセス機能に関する定量的な比率は示されていない。そこで，本節では，一般財源の投入分が，政府の捉える空間機能およびアクセス機能の比率であると仮定を置いた上で，道路整備費用を把握する。具体的には，『道路統計年報』のデータから推定を行う。

8.4.3 走行台キロ

本章における車種別走行台キロは，『道路交通センサス一般交通量調査基本集計表』のデータから推定する。一般道路には，一般道路，主要地方道，一般都道府県道および市町村道の4道路種別が含まれるが，『道路交通センサス一般交通量調査基本集計表』では，市町村道が調査対象となっていない。したがって，この制約のため，本章で検討対象とする道路種別は，一般国道，主要地方道および一般都道府県道の3道路種別からなる，「市町村道を除く一般道路」である。

8.4.4 価格弾力性

(1) 価格弾力性の推定に関する既存研究

ガソリンや軽油といった燃料の需要関数の推定は，多数の既存研究が存在する[5]。燃料需要関数の推定にあたっては，説明変数に燃料価格や所得，被説明変数に燃料需要をとるモデルが一般的であり，経済理論に基づきつつ，上記の2変数以外にどのような説明変数をとることで推定の精度を高めるかが論点となっている。諸外国における既存研究を整理した二村（1999）は，それら既存研究を基に自動車の燃料需要関数モデルを3種類に分類している。第一が，燃料価格と所得を説明変数，燃料需要を被説明変数とする「静学モデル」，第二が，燃料価格，所得および前期の燃料需要を説明変数，当期の燃料需要を被説明変数とする「動学モデル（ラグ内生モデル）」，第三が，燃料価格，所得および自動車サービスの購入を説明変数，燃料需要を被説明変数とする「自動車モ

---

5) 燃料需要関数を推定した既存研究については，Dahl (1995)，Dahl and Sterner (1991a, 1991b)，二村（1999），二村（2002），ヘイズ・内山・鹿島・谷下・蓮池・廣田・湊・三好（2003）などに詳しい。

第8章　車種間の費用と負担の一致による費用回収の最適化　　　　　161

表8-1　わが国における燃料消費量の価格弾力性に関する推定値

		静学		$-0.108\sim-0.188$
二村	ガソリン	動学	短期	$-0.111\sim-0.115$
			長期	$-0.156\sim-0.449$
	軽油	静学		-0.066
		動学	短期	$-0.064\sim-0.066$
松井	ガソリン	動学	短期	-0.2595
			長期	-0.4783
	軽油	動学	短期	-0.1733
			長期	-0.1853
	LNG	動学	短期	-0.3317
			長期	-0.7995
横山	ガソリン	静学		-0.2008
	軽油	静学		-0.0424
谷下	ガソリン（大都市）	動学	短期	-0.11
			長期	-0.93
	ガソリン（地方都市）	動学	短期	-0.03
			長期	-0.14

（出所）　ヘイズ・内山・鹿島・谷下・蓮池・廣田・湊・三好（2003）の表A2-5（一部抜粋）に二村（2002）の結果を追加。

デル」である。なお二村（1999）では，3種類のモデルのすべてにおいて対数線形型の関数型が用いられており，また燃料としてガソリンを用いている。また，鹿島ら（2003）はわが国における燃料消費量弾力性に関する既存研究を示している（表8-1）。表8-1からは，ガソリン需要の価格弾力性が，短期で$-0.03\sim-0.26$，長期で$-0.15\sim-0.85$程度であること，また軽油需要の価格弾力性が，短期で$-0.04\sim-0.17$，長期で$-0.06\sim-0.19$程度であることが読み取れる。ただし，これらは燃料需要の価格弾力性であり，わが国の自動車交通を対象とした走行台キロの価格弾力性の推定は，ほとんど見受けられない[6]。

---

6)　Johansson and Schipper（1997）は，一部で走行台キロを被説明変数とした弾力性の分析を行っている。

162　　第4部　費用と負担の一致による費用回収の最適化

しかしながら，多くの既存研究で示されるような，燃料需要の価格弾力性で自動車の走行の弾力性を測る手法では，今後，車種ごとにきめ細かく費用と負担の一致を図っていく上で，細かく区分された車種ごとの走行の弾力性を測ることは困難である。直接的な関係性は薄まるが，走行台キロの価格弾力性の推定を，燃料需要の価格弾力性とともに行っていくことが，政策面から求められていると考えられる。

(2)　本章のモデルにおける前提条件

本章では，乗用車，小型貨物車および普通貨物車の3車種を分析対象とし，かつデータの制約から道路種別として一般国道，主要地方道および一般都道府県道の3道路種別を分析範囲としているため，被説明変数として多くの既存研究と同様の燃料需要を用いることができない。そのため，本節では，被説明変数として車種別の走行台キロを用い，説明変数である燃料価格，所得などとの直接的な関係性の大きさを求める。このため，各モデルによって示される車種別の価格弾力性は，既存研究の水準よりも低くなると想定される。また，説明変数は，ラグ内生モデルが最適とのDahl and Sterner (1991a) の指摘を踏まえ，「動学モデル」に基づき選択する[7]。なお，関数型としては対数線形型を想定しており，分析期間は1970〜1999年度の30年間である。

(3)　価格弾力性の推定

ここでは，被説明変数として車種別走行台キロを，説明変数として燃料価格（ガソリンまたは軽油），所得（GDP），前期の車種別走行台キロおよび構造変化ダミーを，それぞれ用いるモデルである。車種別の価格弾力性の推定結果は，式(8-6)〜式(8-8)に示されるとおりである。

$$\ln(Q_a) = 0.749 - 0.085 \cdot \ln(P_g) + 0.225 \cdot \ln(M) + 0.225 \cdot \ln(Q_a^{-1})$$
$$\qquad (1.339)(-3.596) \qquad (3.438) \qquad (16.418) \qquad\qquad (8-6)$$
$$\overline{R}^2 = 0.997,\ \text{Durbin-Watson} = 1.170$$

---

7)　「静学モデル」および「自動車モデル」に基づく分析については，味水（2005b）を参照されたい。

第8章　車種間の費用と負担の一致による費用回収の最適化　　163

$$\ln(Q_{st}) = 2.711 - 0.057 \cdot \ln(P_d) + 0.050 \cdot \ln(M) + 0.293 \cdot \ln(Q_a^{-1}) - 0.009 \cdot D$$
$$\phantom{\ln(Q_{st}) =} (0.793)(-0.527) \quad\quad (5.245) \quad\quad\quad (2.629) \quad\quad\quad (-0.267)$$
$$\overline{R}^2 = 0.994, \text{ Durbin-Watson} = 0.615 \qquad\qquad (8-7)$$

$$\ln(Q_{nt}) = 1.631 - 0.027 \cdot \ln(P_d) + 0.553 \cdot \ln(M) + 0.293 \cdot \ln(Q_a^{-1}) - 0.009 \cdot D$$
$$\phantom{\ln(Q_{nt}) =} (0.793)(-0.527) \quad\quad (5.245) \quad\quad\quad (2.629) \quad\quad\quad (-0.267)$$
$$\overline{R}^2 = 0.976, \text{ Durbin-Watson} = 1.384 \qquad\qquad (8-8)$$

Q：車種別走行台キロ（千台km）（『道路交通センサス一般交通量調査基本集
　　計表』）

P_g：ガソリン価格（円/リットル）（『積算資料に見る建設資材価格の半世紀』）

P_d：軽油価格（円/リットル）（『積算資料に見る建設資材価格の半世紀』）

M：所得（百万円）（『国民経済計算年報』）

Q^{-1}：前期の車種別走行台キロ（千台km）（『道路交通センサス一般交通量調査
　　　基本集計表』）

D：構造変化ダミー（貨物車のみ，1970〜87年度：0，1988〜99年度：1）

a：乗用車を意味する添え字

st：小型貨物車を意味する添え字

nt：普通貨物車を意味する添え字

　上記の結果は，ほぼすべてにおいて符号条件は満たしているものの，t値や
Durbin-Watson 値などについては計量経済学的にみて十分な結果とは言えな
い。しかしながら，使用燃料に関する仮定などが推定に与えている影響も踏ま
え，本節のモデルで得られた車種別の価格弾力性を用いて，次節以降において，
受益者負担の徹底（受益者負担に基づく走行段階課税の修正，導入）の効果の評
価を行う。

8.5　受益者負担に基づく対距離課金の検討

　本節では，第一の問題である車種間問題について，8.2.3項において提起し

表8-2　受益者負担に基づく燃料税の修正の効果

		乗用車	小型貨物車	普通貨物車
回避可能費用（円/km）		3.538	3.586	8.727
価格弾力性		− 0.085	− 0.057	− 0.027
税額 （円/km）	現在	6.456	5.031	10.061
		1.000	*0.779*	*1.558*
	適用後	4.829	5.125	19.167
		1.000	*1.061*	*3.969*
	変化率	− 25.20%	1.88%	90.50%
走行台キロ （百万台km）	現在	313,741	82,151	55,638
	変化後	317,535	82,094	54,788
	変化率	1.209%	− 0.069%	− 1.528%
余剰変化（百万円）		26,876	− 240	− 10,129
総余剰変化（百万円）		16,506	K値	− 0.011
参考：税額 （円/リットル）	現在	53.80	32.10	32.10
	変化後	40.24	32.70	61.15

(注)　斜字体の数値は，車種間の相対比率を意味する。

た仮説1の検証を通じて考察を加える。具体的には，費用負担プールとしては，現行の枠組み（全道路種別単一の費用負担プール）を基本的に維持した上で，走行段階課税である燃料税を，車種別に，受益者負担の観点から適正な水準へと変化させることを意味する。なお，回避可能費用，走行台キロについては，それぞれ3道路種別における車種別の平均値，合計値を用いる。

以上の前提に基づき，乗用車等，小型貨物車および普通貨物車の3車種間で，ラムゼイ価格形成を適用した結果は表8-2に示されるとおりである。

表8-2からは，現在，過大な負担をしている乗用車の税額を25.20％減少させる一方で（現行：6.456円/km，変更後：4.829円/km），過小な負担の小型貨物車，普通貨物車の税額をそれぞれ1.88％（現行：5.031円/km，変更後：5.125円/km），90.50％（現行：10.061円/km，変更後：19.167円/km）増加させることが必要であることが読み取れる。このことは，1リットル当たりのガソリン税額（乗用車），軽油税額（小型貨物車），軽油税額（普通貨物車）をそれぞれ

40.24円，32.70円，61.15円とすることを意味する。また，上記の課税水準の変更によって小型貨物車，普通貨物車の走行台キロは，それぞれ0.069％，1.528％減少するものの，乗用車等の走行台キロが1.209％増加するため，全体での社会的余剰は約165億円増加する。この結果は，上述した仮説の立証を意味している[8]。

8.6 ま と め

本章では，「車種ごと」の観点から，費用負担プールを用いた受益者負担の徹底の効果と最適水準を明らかにすることを目的として分析を行った。

8.5節における対距離課金の検討からは，全国ひとつの費用負担プールを設定した上で，受益者負担に基づく対距離課金を実施するにあたって，社会的余剰を最大化する車種ごとの負担水準が導出された。この結果は，これまで過小な負担しか求められてこなかった貨物車に対して，現行の水準以上の負担を求めるべきことを示唆しており，費用と負担の関係に留意しつつ，乗用車および貨物車に対して適正な通路費負担を求めていく政策の導入が求められる。

---

8) 上述したように，小型貨物車と普通貨物車で同一燃料ではあるが異なる課税水準を用いていることに留意が必要である。同一燃料に対して，車種ごとに異なる課税水準を導入することは，現行の燃料税の下では容易ではない。

第9章 地域間の費用と負担の一致による 費用回収の最適化

9.1 はじめに

本章では，2種類の実証分析を通じて，道路整備において「地域ごと」の観点から受益者負担を徹底することの効果とその最適水準を明らかにする。

第8章では，「車種ごと」の観点から，道路利用者の費用と負担のさらなる一致を実現する施策について検討を行った。具体的には，乗用車と小型貨物車および普通貨物車の3つの車種グループから構成される「全国ひとつの費用負担プール」を設定し，車種間でラムゼイ価格形成を行うことで社会的余剰が増加することを示した。本章は，第8章と同様に，現在の道路整備事業費を前提とした上でインフラ費用回収を行うことを考える。そして「地域ごと」の観点から「費用負担プール」の細分化を通じて，より費用と負担の一致を図ることの効果をみるものである。

第8章で提示した「費用負担プール」の概念に基づくとき，「地域ごと」の観点からは，次の2つの問いが挙げられる。

第一の問いは，「費用負担プールをどのような水準の規模で設定するべきか」というものである。費用負担プールの規模を小さく設定すれば，価格代替機能の未発揮による費用は減少するが，それに伴って価格代替機能の不効用による損失は増加する。すなわち，費用負担プールの設定規模を政策変数とするトレードオフ問題に直面しているのである。

第二の問いは，「費用負担プール間の内部補助率をどの程度認めるべきか」というものである。これは，価格代替機能の発揮による効果を重視して，費用負担プールの規模を可能な限り小さく設定する一方で，費用負担プール間に一定の内部補助を認めることで，価格代替機能の不効用に対応する考え方である。

すなわち，費用負担プール間の内部補助率を政策変数として設定したトレードオフ問題と捉えることができる。

　以上の問題意識に基づき，本章では，9.2節において，費用負担プールの設定規模および費用負担プール間の内部補助率のそれぞれの問題設定と仮説の提示を行う。次に，9.3節において，分析を行う上で必要となるデータなど，条件設定を整理する。その上で，9.4節では「費用負担プールの設定規模に基づく受益者負担の徹底」による効果の評価に関する実証分析を行い，費用負担プールの最適規模を明らかにするとともに，9.5節では「費用負担プール間の内部補助率に基づく受益者負担の徹底」による効果の評価に関する実証分析を行い，費用負担プール間の最適内部補助率を明らかにする。最後に9.6節で本章のまとめを行う。以上の分析を通じて，費用負担プール間の費用と負担の一致の観点として「地域ごと」の観点を用いた場合における，受益者負担を徹底することの効果を検証し，最適水準を導出することが本章の目的である。

9.2　問題の所在

9.2.1　地域ごとの費用と負担の不一致

　第3章と第4章で示したように，わが国の道路整備の財源調達は，車種ごとに，また都道府県ごとに大きな乖離が存在するという大きな問題を抱えている。

　これは，現行の自動車関係諸税の下で，地域ごとに整備費用に違いがあるにもかかわらず，車種ごとに同一水準の負担を，地域に関係なく走行段階において求めていることに起因している。これは，全国をひとつの費用負担プールとして捉えていることにほかならない。このため，地域によっては回避可能費用を大幅に上回る負担を求められるケースや，回避可能費用の一部しか負担しなくてよいケースが生じる。さらに，道路整備の予算は単年度主義であり，このことは，ある年に必要な整備費用を，その年に存在する，全国の自動車台数で割った平均費用で価格形成していることを意味している。

　国際競争力の確保や地域の自立と活力の強化など，国が政策課題として掲げている政策の実行を考えれば，すべての地域において費用と負担を完全に一致させるべきものではない。ただし，それら政府の役割を踏まえた上で，費用と

表 9-1　米国における最低配分保証制度の推移

制定年	交通関連法	最低配分保証
1982	STAA	特定の事業対象：85%
1987	STURAA	特定の事業対象：85%
1991	ISTEA	特定の事業対象：90%
1998	TEA-21	すべての事業対象：90.5%
2005	SAFETEA-LU	すべての事業対象：段階的に92%

負担のさらなる一致を図っていく必要がある。

　地域ごとの費用と負担の一致を目的とした制度として，米国の「最低配分保証制度」がある。この制度は1982年に制定された The Surface Transportation Assistance Act of 1982（STAA）において初めて定められたものであり，特定の事業におけるある州の配分額を当該州の道路信託基金税収の最低85%以上とするというものであった。STAA以降，1987年に制定された The Surface Transportation and Uniform Relocation Assistant Act of 1987（STURAA）においても，STAAと同様の85%の最低配分保証が定められた。その後，1991年に制定された Intermodal Surface Transportation Efficiency Act（ISTEA）では90%に，1998年に制定された The Transportation Equity Act for 21st Century（TEA-21）では，すべての事業を対象に90.5%に，それぞれ引き上げられ，現在の The Safe, Accountable, Flexible and Efficient Transportation Act: A Legacy for Users（SAFETEA-LU）では段階的に92%までの引き上げが定められている（表9-1）。

　これら交通関連法における最低配分保証水準の引き上げは，米国における地域ごとの費用と負担の一致の重視を反映している。第4章で示したわが国の地域ごとの費用負担水準を現行法のSAFETEA-LUにあてはめると，半数以上がこの水準に抵触する。このことは，わが国の道路整備における地域ごとの費用と負担の一致の軽視を象徴するものと考えられる。

9.2.2　費用負担プールの設定規模

　第3章でみたように，道路利用の回避可能費用は地域ごとに大きく異なる。

経済学的には，当該サービスの限界費用に等しく価格を設定することで，社会的余剰の最大化が達成される。この価格代替機能を十分に発揮するにあたっては，費用負担プールの規模を小さく設定することが考えられる。上述したように現行の道路整備の財源調達は，全国をひとつの費用負担プールとして捉えたものであり，費用と負担が乖離することによって社会的余剰が減少する要因となっている。このとき，費用負担プールを，現行の全国単一ではなく，より小規模に複数設定することで，さらなる価格代替機能の発揮による社会的余剰の増加が期待できる。

すなわち，全国同一の負担に比べインフラ費用が低い地域では，負担水準を引き下げることによって交通量が増え，社会的余剰が増加する。その一方で，インフラ費用が負担に比べて高い地域では，負担水準を引き上げることで，過小な負担がゆえに道路を走行していた利用者による交通量が減少し，社会的余剰が増加する。

その一方で，第8章でも議論したように，費用負担プールを小規模に設定することは，道路の利用にあたって負担が非常に高額になる場合や，高負担に伴って交通量が大きく減少する場合，また当該費用負担プールの収支が逼迫，破綻する可能性が上昇する場合など，価格代替機能の不効用による費用が増加することも考えられる。

これら両方の影響を踏まえ，費用負担プールの最適規模を求める議論が，第一の問いである「費用負担プールの設定規模」である。

1962年の全国総合開発計画で掲げられた地域の均衡ある発展の下で，道路整備においても地域間の内部補助が重視されてきたことも事実ではあるが，現行の全国単一の費用負担プールが今後とも必要であるとは言えない。今後は，これら費用負担プールの規模に基づく得失を踏まえた上で，受益者負担を徹底していくことが求められる。

9.2.3 費用負担プール間の内部補助率

上述したように，費用負担プールを小規模化することは，価格代替機能の発揮を通じて社会的余剰を増加させる。ただし費用負担プールの小規模化による，価格代替機能の不効用による費用の増加も回避できない問題である。第二の問

いである「費用負担プール間の内部補助率」は，この不効用問題について，費用負担プールの定義のうち，「自己完結的に収支を管理する」という収支制約条件の緩和を通じた対応を目指す議論である。すなわち，整備環境に余裕のある費用負担プールから整備環境が厳しい費用負担プールへの内部補助を一定の水準に限って容認することで個別の費用負担プールにおける価格代替機能の不効用を減少させ，全国的には最大の社会的余剰を達成するというものである。

内部補助を受けることで負担水準が引き下げられた費用負担プールにおける社会的余剰の増加が，内部補助をすることで負担水準が引き上げられた費用負担プールにおける社会的余剰の減少よりも大きい限り，この収支制約条件の緩和は有効である。もちろん，過度に収支制約条件を緩和することは，すべての費用負担プールにおける費用と負担の乖離につながるため望ましくない。費用負担プール間の最適内部補助率は，上述した費用負担プール間の内部補助の得失を踏まえた上で，決定しなければならない。

9.2.4 仮説の提示

(1) 費用負担プールの設定規模に基づく受益者負担の徹底

社会的余剰について，上述したようなトレードオフ問題が生じるならば，「費用負担プールの設定規模に基づく受益者負担の徹底」において，ある任意の中間的な規模の費用負担プールが最適であるとの仮説が導出できる。この仮説は，現行の全国単一の費用負担プールが批判を集めていることとも一致する。9.4節で行う，「費用負担プールの設定規模に基づく受益者負担の徹底」による効果の評価においては，異なる規模の費用負担プールを複数設定し，それらを代替案として比較検討を行う。

本章では，受益者負担の徹底に基づく費用負担プールの規模について，経済学的な効率性によって評価する。この経済学的に最も効率的な状態は，価格が限界費用と一致している状態である（限界費用価格形成）。たとえば，「費用負担プールの設定規模に基づく受益者負担の徹底」の下で，限界費用価格形成を適用する場合，費用負担プールの規模を小さくすればするほど，費用負担プールごとに多様な限界費用を反映できるため，社会的余剰は増加すると考えられる。しかしながらこの場合，費用負担プール内の共通費をまかなうことができ

第9章　地域間の費用と負担の一致による費用回収の最適化　　　171

ず，収支がマイナスとなる費用負担プールが発生する。したがって，一般財源
の投入などによる外部補助を行う必要が生じる。

　この問題に対して，収支制約の下で最大の社会的余剰を達成する次善の価格
形成としては，第8章で示したようにラムゼイ価格形成が挙げられる。このラ
ムゼイ価格形成の下では，一般に，プール内の共通費をまかなった上で，限界
費用価格形成の適用時ほどではないものの，可能な限り社会的余剰の最大化を
図ることが可能である[1]。これは費用負担プールの定義にも合致する。したが
って，後述するように，「費用負担プール間の内部補助率に基づく受益者負担
の徹底」においても，費用負担プール内における費用配賦基準としては，ラム
ゼイ価格形成を用いる。

(2)　費用負担プール間の内部補助率に基づく受益者負担の徹底

　上述したように，「費用負担プール間の内部補助率に基づく受益者負担の徹
底」の下では，費用負担プールの規模を可能な限り小さく設定するため，費用
負担プール内の費用と負担の乖離は生じにくいが，設定規模に関する議論と同
様，費用負担プールの小規模化は，価格代替機能の不効用による費用の発生を
招く。この問題に対処するため，「費用負担プール間の内部補助率に基づく受
益者負担の徹底」では，費用負担プールの定義のうち，収支制約条件を緩和す
る。しかしながら，内部補助率が非常に高く設定された場合，費用負担プール
間における費用と負担の乖離が生じることで，社会的余剰も減少することは，
明らかである。以上の議論より，「ある任意の中間的な内部補助率を許容した
場合に，社会的余剰は最大化される」との仮説が導出できる。「費用負担プー
ル間の内部補助率に基づく受益者負担の徹底」による効果の評価については，
9.5節において，異なる水準の内部補助率を複数設定し，それらを代替案とし
て比較検討を行う。

---

1)　費用負担プールの費用構造，弾性値によっては収支均衡が不可能な場合もある。

表 9-2　費用負担プールの設定に関する代替案

	費用負担プール数	構成プール
代替案 1	1	全国
代替案 2	6	北海道東北，関東，中部，近畿，中国四国，九州沖縄
代替案 3	15	北海道，北東北，南東北，関東内陸，関東臨海，東海，北陸，近畿内陸，近畿臨海，山陰，山陽，四国，北九州，南九州，沖縄
代替案 4	47	各都道府県

9.3　分析条件の設定

9.3.1　費用負担プールの設定規模

　9.4節および9.5節における分析において用いる費用負担プールの規模を示したものが表9-2である。表9-2のうち，代替案4は，現行の都道府県区分に基づいている[2]。また，代替案3は，表9-3に示す『道路交通センサス一般交通量調査基本集計表』における地域分類に基づくものであり，代替案2は，代替案3で用いた地域分類のうち近接の複数区分を組み合わせて構成しているものである。なお，代替案1は現行の全国単一の費用負担プールを表すものである。

9.3.2　費用負担プール内の費用配賦基準

　これら設定した費用負担プール内においては，様々な費用配賦基準が考えられるが，本章では，上述したように，費用負担プールの概念と一致する，ラムゼイ価格形成を用いる[3]。

---

[2]　国土交通省（2002）『自動車輸送統計報告書（平成14年10月分）』によれば，県間移動が乗用車よりも多いと考えられる貨物車の場合であっても，その8割以上が県内移動であり，都道府県ごとに別個の燃料税額を設定することもそれほど非現実的なものではないと考える。

[3]　道路関連税の分析にラムゼイ価格形成を適用した既存研究としては，McGillivray, Neels and Beesley（1978）や山内（1987）などがある。

第9章　地域間の費用と負担の一致による費用回収の最適化　　　173

表9-3　「道路交通センサス一般交通量調査」における地域分類

ブロック名	構成する都道府県
北海道ブロック	北海道
北東北ブロック	青森県，岩手県，秋田県
南東北ブロック	宮城県，山形県，福島県，新潟県
関東内陸ブロック	茨城県，栃木県，群馬県，山梨県，長野県
関東臨海ブロック	埼玉県，千葉県，東京都，神奈川県
東海ブロック	岐阜県，静岡県，愛知県，三重県
北陸ブロック	富山県，石川県，福井県
近畿内陸ブロック	滋賀県，京都府，奈良県
近畿臨海ブロック	大阪府，兵庫県，和歌山県
山陰ブロック	鳥取県，島根県
山陽ブロック	岡山県，広島県，山口県
四国ブロック	徳島県，香川県，愛媛県，高知県
北九州ブロック	福岡県，佐賀県，長崎県，大分県
南九州ブロック	熊本県，宮崎県，鹿児島県
沖縄ブロック	沖縄県

（出所）『道路交通センサス一般交通量調査基本集計表』

9.3.3　回避可能費用と共通費

　ラムゼイ価格形成の適用にあたっては，車種別限界費用，車種別走行台キロおよび車種別価格弾力性が必要となる。ただし，第3章でもみたように，計量経済学的手法に基づく道路利用の限界費用の推定は，いまだ十分な水準には達していない。したがって，ここでは，山内（1987）と同様，現状で入手可能なデータのうち，車種ごとに帰属可能な費用を推定し，それを走行台キロ当たりにならす手法によって推定される回避可能費用を，ラムゼイ価格形成を適用するにあたっての限界費用として採用する。

　回避可能費用の推定にあたっては次の手順を踏む。

　第一に，国土交通省道路局（各年度）『道路統計年報』から，都道府県別の一般道路整備費（総費用）を算出する。

　第二に，道路投資の評価に関する指針検討委員会編（1999）『道路投資の評

価に関する指針（案）第2版』から，総費用の内訳（維持管理費，施設費）を算出，推定する。

第三に，上で推定した各費用を車種別回避可能費用および共通費に配賦する。わが国では，米国で実施されているコスト・アロケーション・スタディに類似する政府による研究が行われていないため，公的な数値基準が存在しない。したがって，車種別回避可能費用および共通費への配賦にあたっては，既存研究である山内（1987）において用いられている配賦基準を援用する[4]。

なお，機能のすべてがトラフィック機能[5]と考えられる高速道路と異なり，一般道路にはトラフィック機能の他，空間機能[6]，アクセス機能[7]が含まれていると考えられる（武田（1989））。その機能配分は道路の規格（道路種別）に応じて異なると考えられるが，本分析では，市町村道を除く一般道路を対象としているため，構成要素である一般国道，主要地方道，一般都道府県道における平均的な機能配分を用いることが妥当であると考えられる。市町村道を除く一般道路における投資額の財源調達比率は1990年代では大きな変化がなく，約35％が走行段階課税収入（すべて道路特定財源）から，約15％が取得段階・保有段階化税収入（道路特定財源分）から，残りの約50％が一般財源から，それぞれ調達されている。このことから，少なくとも政府が，市町村道を除く一般道路の機能について，トラフィック機能が約5割を占めると認識しているとみなすこととする。したがって，本章の分析では，総費用の50％を走行段階課税（燃料税）に関する価格形成の分析対象とし，回避可能費用は「上記推定額の50％」，共通費は「上記推定額の50％－取得保有税収入（道路特定財源分）」[8]として推定する。

なお，費用負担プールを構成する車種区分は，旅客用交通に供される「乗用

---

4) 山内（1987）は高速道路を対象とした研究であり，本章の分析対象である一般道路とは，費用負担構造も異なる可能性がある。したがって，この数値の取り扱いにあたっては注意が必要であることは言うまでもない。

5) 自動車，自転車，走行車等の通行機能。

6) 公共公益施設の収容機能，良好な居住環境の形成機能，防災の強化機能。

7) 沿道の土地，建物，施設等への出入機能。

8) この条件設定は，「取得・保有段階化税収入は，道路利用と直接的には関係していないため，最初に共通費のための財源調達に充てられ，次に回避可能費用のための財源調達に充てられる」との仮定に基づいている。

車等」と貨物用交通に供される「貨物車等」の２区分であり，前者は「道路交通センサス一般交通量調査」における乗用車およびバス，後者は「道路交通センサス一般交通量調査」における小型貨物車および普通貨物車から，それぞれ構成される[9]。なお，乗用車等はガソリン燃料使用車，貨物車等は軽油燃料使用車（ディーゼル車）との仮定を置いている。

9.3.4　走行台キロ

　車種別走行台キロは，『道路交通センサス一般交通量調査基本集計表』から推定する。したがって，一般道路整備を検討する場合，一般道路を構成する，一般道路，主要地方道，一般都道府県道および市町村道の４道路種別を検討対象とする必要があるが，「道路交通センサス一般交通量調査」では，市町村道が調査対象となっていない。したがって，本章で検討対象とする道路種別は，市町村道を除く一般道路（一般国道，主要地方道および一般都道府県道の３道路種別）であり，9.4節および9.5節における評価にあたっては，費用負担プールごとにこれら３道路種別における車種別走行台キロの合計値を『道路交通センサス一般交通量調査基本集計表』から推定し，分析対象として用いる。

9.3.5　税額弾力性

　走行段階課税（燃料税）の変化に基づく燃料価格の変化に対応した需要（走行台キロ）の変化を推定するにあたっては，費用負担プールごとの車種別（油種別）価格弾力性が必要となる。しかしながら，本章における分析に適合する，長期の時系列の都道府県別燃料市場価格データは，残念ながら入手が困難である。したがって，本章では，表9-2に示した各代替案を構成する費用負担プールごとに燃料税額と所得を用いた需要関数を用いて，需要に対する燃料税額の弾力性の推定を行う[10]。需要関数としては，対数線形型の需要関数を用いる（式9-1）。

---

9) 国土交通省総合政策局（運輸省運輸政策局情報管理部）監修（各年）『陸運統計要覧』および国土交通省総合政策局（運輸省運輸政策局情報管理部）（各年）『自動車輸送統計年報』に基づくデータを利用する第4章との整合性を確保するためである。

$$Q = A \cdot T^{b} \cdot M^{c} \tag{9-1}$$

Q：走行台キロ（千台km）（『道路交通センサス一般交通量調査基本集計表』）[11]

T：実質税額（円／台km）（国土交通省道路局監修（各年）『道路交通経済要覧』，『自動車輸送統計年報』，総務省統計局（各年）『消費者物価指数年報』）[12]

M：実質所得（内閣府経済社会総合研究所（各年）『国民経済計算年報』，内閣府経済社会総合研究所（各年）『県民経済計算年報』）

式(9-1)を線形に変換したものが式(9-2)である。

$$\ln(Q_{it}) = a + b \cdot \ln(T_{it}) + c \cdot \ln(M_{it}) \quad (i=1, 2, \cdots, N), (t=1, 2, \cdots, 25) \tag{9-2}$$

Q_{it}：第i番目の費用負担プールのt期の走行台キロ

T_{it}：第i番目の費用負担プールのt期の実質税額

---

10) 燃料価格ではなく，燃料税額を用いている点が，本章における分析の最大の留意点である。ただし，ガソリンについて全国平均の市場価格をみたとき，燃料税額は市場価格の約40％から60％の範囲を推移しており（1959年〜2001年データ），大幅に変化しているわけではない。したがって，燃料税額が市場価格と比較的比例して推移していると考えれば，簡便な推定方法として燃料税額を市場価格の代替変数として用いることは計量分析上大きな誤りではないと考えられる。この説明を数式で示すと以下のように示される。

$$\varepsilon = \frac{\partial Q}{\partial P} \cdot \frac{P}{Q}$$

ただし，Q，Pはそれぞれ走行台キロ（台km），燃料市場価格（円／リットル）。
ここで$P = a \cdot T$とすれば，

$$\varepsilon = \frac{\partial Q}{\partial P} \cdot \frac{P}{Q} = \left(\frac{\partial Q}{\partial t} \cdot \frac{\partial t}{\partial a \cdot T} \right) \cdot \frac{a \cdot T}{Q} = \frac{\partial Q}{\partial t} \cdot \frac{1}{a} \cdot \frac{a \cdot T}{Q} = \frac{\partial Q}{\partial t} \cdot \frac{T}{Q}$$

ただし，Tは1リットル当たりの燃料税額。
なお，短期間のデータであれば，財団法人日本エネルギー経済研究所石油情報センターから入手可能である。

11) なお，不足するデータについては，適宜線形補完を行っている。

12) 『道路交通経済要覧』において示される燃料価格（円／リットル）を『自動車輸送統計年報』において示される平均燃料消費量（リットル／台km）で除した上で，『消費者物価指数年報』において示される「消費者物価指数」でデフレートしている。

第9章　地域間の費用と負担の一致による費用回収の最適化　　177

表9-4　需要関数の推定結果（代替案1，最小二乗法）

車種区分	定数項	税額弾力性	所得弾力性	Durbin-Watson	$\bar{R}^2$
乗用車等	4.982 *1.553*	−0.616 *−3.247*	0.780 *5.425*	0.504	0.967
貨物車等	15.393 *7.875*	−0.352 *−2.093*	0.200 *2.271*	0.355	0.589

（注）　斜字体の数値は，t値を意味する。なお，紙幅の都合上，代替案1の
全国単一費用負担プールにおける数値を表記する。

M_{it}：第i番目の費用負担プールのt期の所得

N　：代替案別費用負担プール数（代替案1：1，代替案2：6，代替案3：
15，代替案4：47，計69）

ただし，$a=\ln(A)$である。

対数線形の需要関数は，推定された係数が弾力性を示すため，bが需要の税
額弾力性，cが需要の所得弾力性を意味する。また，符号条件はbが負，cが
正である。式（9-2）に基づき，1975年度から1999年度の25年間の全国データ
について，最小二乗法で費用負担プール別の税額弾力性を推定した結果が表
9-4である。

表9-4の結果には正の系列相関が認められたため，1階の自己回帰モデル
（式（9-3））を用いて分析を試みたところ，乗用車等についてはある程度良好
な結果が得られた反面，貨物車等については，符号条件も満たせない結果とな
った（表9-5）。

$$\ln(Q_{it})=a+b\cdot\ln(T_{it})+c\cdot\ln(M_{it})+u_{it}$$
$$u_{it}=\rho\cdot u_{it-1}+\varepsilon\,it,\ \rho\geqq 0,\ (i=1,\,2,\,\cdots,\,N),\ (t=1,\,2,\,\cdots,\,25)$$

（9-3）

Q_{it}：第i番目の費用負担プールのt期の走行台キロ

T_{it}：第i番目の費用負担プールのt期の実質税額

M_{it}：第i番目の費用負担プールのt期の所得

u_{it}：第i番目の費用負担プールのt期の誤差項

表9-5 需要関数の推定結果（代替案1，1階の自己回帰モデル）

車種区分	定数項	税額弾力性	所得弾力性	Durbin-Watson	$\bar{R}^2$
乗用車等	−1.719 −0.712	−0.150 −1.616	1.073 8.955	0.926 12.476	0.994
貨物車等	11.835 4.878	0.007 0.100	0.348 2.847	0.936 17.184	0.940

(注) 斜字体の数値は，t値を意味する。なお，紙幅の都合上，代替案1の全国単一費用負担プールにおける数値を表記する。

図9-1 車種別走行台キロの推移

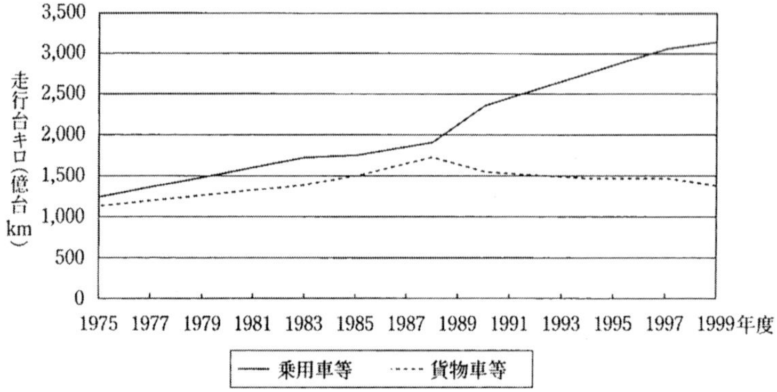

(出所)『道路交通センサス一般交通量調査基本集計表』

N ：代替案別プール数（代替案1：1，代替案2：6，代替案3：15，代替案4：47，合計69費用負担プールである）

　この要因としては，貨物車等を取り巻く経済構造の変化の影響が挙げられる。図9-1に示されるように，過去25年間，乗用車等の走行台キロは順調に伸びてきているのに対し，貨物車等の走行台キロは経済活動が盛んであったバブル期の1988年を境に今日まで逓減傾向にある。

　ここでの目的は，ラムゼイ価格形成の適用の際に必要となる税額弾力性の推定に過ぎないため，ここでは，系列相関の問題は内包しているものの，相対的な比率を示すという意味で有効と考えられる最小二乗法の推定結果を，税額弾力性として採用することとする。したがって，代替案別の各費用負担プール合

図 9-2　社会的余剰の変化分

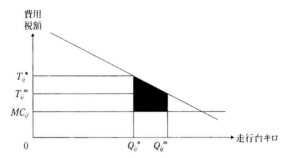

計69プールについて，それぞれ乗用車等と貨物車等の需要関数の推定を最小二乗法に基づいて実施し，乗用車等および貨物車等計138車種・プールの税額弾力性を導出する[13]。

9.4　費用負担プールの設定規模に基づく受益者負担の徹底の評価

本節では，「費用負担プールの設定規模に基づく受益者負担の徹底」による効果を推定し，その評価を行う。具体的には，社会的余剰の変化の観察を通じて，収支制約条件（ラムゼイ価格形成）の下で受益者負担の徹底による効果を明らかにし，最大の社会的余剰の増加を達成する費用負担プールの最適設定規模（受益者負担の徹底の最適水準）を導出する。

第一に，現行の燃料税額（T^n）とそれに基づく現行の走行台キロ（Q^n）を把握し，第二に，ラムゼイ価格形成の適用後に予想される燃料税額（T^r）と走行台キロ（Q^r）を推定する。第三に，当該費用負担プールの需要曲線を直線で近似し，下記の式（9-4）に基づき社会的余剰の変化分を推定する（図9-2）[14]。

---

13)　結果の詳細は，紙幅の都合上省略するが，ほぼすべてのプールにおいて，税額弾力性のt値は2.0以上である。

14)　社会的余剰の計測にあたっては，本来，変化前と変化後の間の積分値を用いるべきであるが，周知の通り，消費者余剰を測定する台形公式でも十分な近似値を取るため，本分析においても同様に，直線で近似した需要曲線を用いた計測を行っている。

180   第4部　費用と負担の一致による費用回収の最適化

表9-6　ラムゼイ価格形成の適用の効果

(単位：億円)

	社会的余剰の増加	合計欠損額
代替案1	1,344	0
代替案2	1,673	0
代替案3	1,637	93
代替案4	1,681	194

(注)　1999年度のデータに基づいている。

$$NSB_i = \sum_{j=1}^{2} \left\{ \frac{1}{2} \left(T_{ij}^r + T_{ij}^n \right) - MC_{ij} \right\} \cdot (Q_{ij}^r - Q_{ij}^n) \qquad (9-4)$$

NSB_i　：第i番目の費用負担プールにおける社会的余剰

T_{ij}^n　：第i番目の費用負担プールにおける車種jの現行の燃料税額

T_{ij}^r　：第i番目の費用負担プールにおける車種jのラムゼイ価格形成適用後の燃料税額

Q_{ij}^n　：第i番目の費用負担プールにおける車種jの現行の走行台キロ

Q_{ij}^r　：第i番目の費用負担プールにおける車種jのラムゼイ価格形成適用後の走行台キロ

MC_{ij}　：第i番目の費用負担プールにおける車種jの道路整備の費用責任額（限界費用）

　そして第四に，プールごとに得られた社会的余剰の変化分を代替案別に合算するとともに，欠損発生プールの合計欠損額を算出する[15]。

　以上の手順に基づき，ラムゼイ価格形成の適用に基づく，代替案別の社会的余剰および合計欠損額を示したものが表9-6である。

　表9-6からは，第一に，代替案1によって，社会的余剰が大幅に増加することがわかる。これは全国単一の費用負担プールを意味する現行の枠組みの下でも，車種ごとの負担水準を再検討することで，大きな余剰の拡大が見込めることが読みとれる。その上で，代替案2から代替案4では，代替案1に比べて

---

15)　欠損額は，均衡点の導出を非線形の方程式で行っているために生じるものである。この場合でも，車種別走行台キロに関する条件（$Q_{ij}^r \geq 0$）がない場合は，収支の均衡点は存在する。

第 9 章　地域間の費用と負担の一致による費用回収の最適化　　181

さらに300億円程度大きな社会的余剰の増加が読みとれる一方で，プールの設定規模を小さくするにつれて合計欠損額も増加していることが読みとれる。より正確には，この合計欠損額の分だけ必要となる一般財源の調達によって発生する死荷重を達成可能な社会的余剰から差し引くことで，真の達成可能な社会的余剰が推定できる。ここで，代替案2によって達成される社会的余剰は代替案3によって達成される社会的余剰を上回っている。次に，代替案2によって達成される社会的余剰は代替案4によって達成される社会的余剰よりも若干下回るものの，代替案4ではその差額をはるかに上回る194億円の欠損が生じている。財政制約が増加してきていることも踏まえるならば，財政制約を考慮した社会的余剰は，代替案2において最大化すると考えられる[16]。この結果は，9.2.4節で提示した仮説と一致する。すなわち，今回検討した代替案のなかでは，全国を6程度に分割した規模（1プールの平均人口：約2,000万人）が，受益者負担の徹底の最適水準であり，費用負担プールの最適設定規模であることがわかる。

　このとき，約1,700億円の社会的余剰の増加が期待されるとともに，最適な燃料税率は，プール間で1.847〜8.367円/km（乗用車等：ガソリン，現行は6.456円/km），5.965〜22.153円/km（貨物車等：軽油，現行は7.062円/km）と大きな違いがみられ，その差は最大約4倍に広がる。また平均的には，ガソリンは約40％の減税，軽油は約50％の増税が必要であることが導出される。

9.5　費用負担プール間の内部補助率に基づく受益者負担の徹底の評価

　本節では，前節と同様に，「費用負担プール間の内部補助率に基づく受益者負担の徹底」による効果の評価を行う。すなわち，社会的余剰の変化の観察を通じて，受益者負担の徹底による効果を明らかにし，最大の社会的余剰の増加を達成する費用負担プール間の最適内部補助率（受益者負担の徹底の最適水準）を導出することが目的である。

16）　ここでは，欠損が生じた場合でも社会的余剰の増加を目的として道路投資を行うとの前提に基づいている。一般財源の機会費用を1とみなせば，社会的余剰の増加分から合計欠損額を差し引いた値を評価指標として捉えることができると考える。

図9-3 社会的余剰の変化（下限制約のケース）

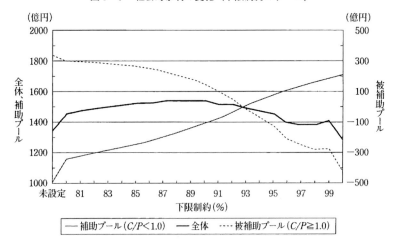

なお，本節で行うプール間の最適内部補助率の推定にあたっては，費用負担プール間における費用の配賦基準の選択が不可欠である。まず，費用負担プールとしては，実現可能ななかで最も小規模な費用負担プールである代替案4を用いる。また，費用負担プール間における費用の配賦基準としては，さまざまな基準が想定可能であるが，ここでは，基礎的な分析として，現状の都道府県別費用負担比（C/P）を初期点として，制約条件にかかる費用負担プールのみ，その過不足額を他の費用負担プールとの間で再配賦する配賦基準を採用し分析を行う。

図9-3と図9-4が本節の推定結果をまとめたものである。ここから以下のような示唆が得られる。

(1) 費用負担プール間内部補助に関する制約条件が増すにつれて，補助プールにおける社会的余剰は逓増し，被補助プールにおける社会的余剰は逓減する[17]。

---

17) ここで補助プール，被補助プールとは，制約条件に基づいた配分後において，C/Pが1.0と等しいか，または下回っている費用負担プール，C/Pが1.0を上回っている費用負担プールをそれぞれ意味する。

図9-4 社会的余剰の変化（上限制約のケース）

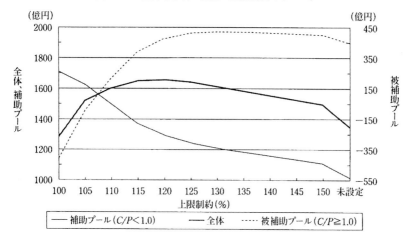

(2) 下限制約の場合は，ある都道府県の道路走行による税収のうち，最低88％をその都道府県に投資することを保証することが，社会的余剰の最大化につながる。この水準が費用負担プール間の最適内部補助率（下限）である。このときの社会的余剰の増加分は約1,537億円である。

(3) 上限制約の場合は，ある都道府県の道路走行による税収の120％までをその都道府県における投資を認めることが，社会的余剰の最大化につながる。この水準が費用負担プール間の最適内部補助率（上限）である。このときの社会的余剰は約1,654億円であり，上記の結果とあわせて，9.2.4項で示した仮説と一致する結果である。

(4) 米国の現行の最低配分保証制度水準を適用した場合，約1,500億円の社会的余剰が達成可能である。

(5) 補助プール，被補助プールにおける社会的余剰の変化は，下限制約の場合，80％〜100％の範囲ではほぼ一様に逓増または逓減するのに対して，上限制約の場合，120％〜150％の範囲ではなだらかに逓増または逓減し，100％〜120％の範囲では急激に逓増または逓減する。

9.6 ま と め

　本章では，「地域ごと」の観点から，費用負担プールを用いた受益者負担の徹底の効果と最適水準を明らかにすることを目的として分析を行った。

　現行の道路整備の財源調達制度は，受益者負担をその基本理念としてかかげているものの，その運用は実質的に全国単一の費用負担プールの下での不明確なものであり，道路利用者間の費用と負担の乖離が進んでいる。9.4節と9.5節の分析からは，提起した仮説の立証を通じて，費用負担プールの最適規模や費用負担プール間の最適内部補助率とその効果など，現行の道路整備の財源調達制度に内在しているさまざまな問題の解決に向けた政策的示唆を複数導出できた。

　なお，9.1節でも述べたように，第8章および本章では，現在の道路整備事業費を前提とした上でインフラ費用回収の最適化について，車種ごと，地域ごとの観点から検討を行った。しかしながら，混雑や環境，事故といった自動車交通が抱えている外部不経済問題への対応は喫緊の課題であり，また政府によって策定された道路整備目標が，道路利用者が求めている水準と今後とも等しくあり続けるとは言い切れない。

　そこで第10章と第11章では，混雑費用などの外部費用を考慮に加えるとともに，特に第11章では，道路整備事業費自体も可変と捉えて，最適な対距離課金のあり方について，考察を加えることとする。

第5部　対距離課金による交通需要管理と道路整備の最適化

第10章　対距離課金による交通需要管理の最適化

10.1　はじめに

　わが国では，しばしば「高速道路料金が高い」「料金が高いために高速道路が使われず，無駄が生じている」という指摘がなされる。しかし，高速道路料金は償還原則に基づいて決められていることから，高速道路利用料金を割り引くことにより収入が減少するのであれば，公的資金を投入する必要が生じる。また，割引に当たっては，割引による社会的便益ついても検討しておく必要がある。わが国では，平成15年度から有料道路の料金に係る社会実験に関する施策が実施されており，この結果を受けて高速道路料金の割引とその効果について一定の研究が蓄積されている。例えば，2本の並行する高速道路，一般道路において高速道路料金を割り引いた場合，一般道路の混雑が解消し，総走行時間費用が短縮するという社会的便益が発生するものの，最適な割り引き率は交通量に依存することを示した研究等が存在する（根本・今西（2006）等）。

　また，現在，高速道路は有料，一般道路は無料となっているため，「高速道路の割引」が議論されることはあるものの，「一般道路の課金額の引き上げ」が議論されることは少ない。しかし，本書で紹介したような全国，全道路への対距離課金が現実のものとなれば，高速道路および一般道路両方について最適な料金水準を検討する必要が生じる。

　そこで本章では，現行の自動車関連諸税が対距離課金制度に移行した場合を想定し，道路種別の最適課金と社会的便益発生の仕組みについて検討する。具体的には，一対の起終点にバイパス，一般国道，抜け道の3本の経路が連絡するモデル地区を想定し，各経路の最適課金，交通量，課金収入およびモデル地区全体の社会的余剰の変化を推定する「交通需要管理モデル」を構築し対距離課金制度の評価を行う。

10.2　交通需要管理モデルとは

　交通需要管理モデルとは，同一発着地を結ぶ複数経路を仮定し，それぞれの経路において社会的限界費用に基づく料金を課金した場合に，各経路の交通量がどのように変化し，その結果どの程度の混雑の緩和，環境の改善，事故の減少等の社会的便益が発生するかを評価するモデルである。

　本モデルでは，課金収入の使途は考慮せず，道路容量は固定であると仮定する短期的なモデルである。なお，課金収入を当該ネットワークの投資に充て，将来の道路容量を可変とする長期モデルについては，本研究では道路容量最適化モデルと定義し，第11章で検討する。

10.3　交通需要管理モデルの基本モデル

　滋賀県南部の湖西地区では，平成17年8月に有料バイパスの湖西道路が無料開放され，並行する一般道路（国道161号，抜け道）における交通量が減少し，一般道路における混雑緩和，安全性の向上等の効果が見られた。そこで，有料道路の料金を変更することにより社会的便益を発生させる事例として湖西地区を取り上げ，各経路に対距離課金が導入された場合の再現を試みる（図10-1）。

10.3.1　均衡条件の設定

　利用者均衡の概念を用いて，経路A（バイパス），経路B（一般道路），経路C（抜け道）どれを通っても一般化費用が同額になるよう交通量が均衡すると仮定する。湖西道路無料化前（料金410円）の各経路の交通量は，時間価値の原単位（h）を設定し，以下の連立方程式を解くことによって求めることができる。

第10章 対距離課金による交通需要管理の最適化

図10-1 モデル対象地の道路（湖西道路・国道161号・抜け道）の位置

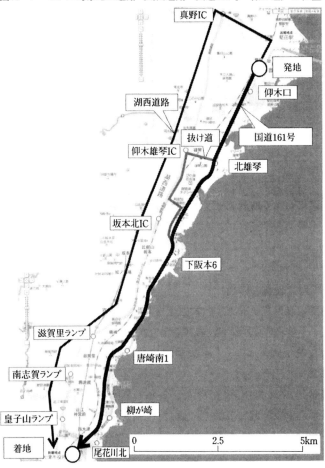

$$\begin{cases} P_A(N_A) = h \cdot l_A / v_A(N_A, C_A, v_{f,\,A}) + \tau \\ P_B(N_B) = h \cdot l_B / v_B(N_B, C_B, v_{f,\,B}) \\ P_C(N_C) = h \cdot l_C / v_C(N_C, C_C, v_{f,\,C}) \\ P_A(N_A) = P_B(N_B) \\ P_B(N_B) = P_C(N_C) \\ N_A + N_B + N_C = \overline{N} \end{cases}$$

$P_i(N_i)$	（円／台）	経路 i の一般化費用関数（交通量 N の関数）
N_i	（台／時間）	経路 i の交通量
$\overline{N}$	（台／時間）	総交通量
h	（円／時間）	時間費用原単位
l_i	（km）	経路 i の距離
$v_{f,\,i}$	（km／時間）	経路 i の自由走行速度
C_i	（台／時間）	経路 i の時間交通容量
$a_i,\ \beta_i$	－	経路 i の特性を表すパラメータ
τ	（円／台）	現行料金

　湖西地区における観測データ等を参考に，モデル対象となる3経路の道路の延長，交通量‐速度関数（Q-V式），料金，交通量（一定）を表10-1のとおり設定した。

10.3.2　現行交通量の再現

　時間価値の原単位を33円／分に設定すると，各経路の現行交通量（バイパス377台／時，一般道路769台／時，抜け道518台／時）の時に，すべての経路において一般化費用が同額となり，現行料金における均衡交通量が再現できる（図10-2，表10-2）[1]。

　現行料金（バイパス410円）の場合，規格の高いバイパスが高額な料金のために使われず，一般道路・抜け道に交通が集中しており，315万円／時の社会的費用（混雑＋環境＋事故）が発生している（注：総社会的費用の算出方法については後述）。

---

1)　前項の連立方程式を用いる場合，各経路の交通量にそれぞれ N_A=377, N_B=769, N_C=518を代入し，h=33を求めたことを意味する。

第10章　対距離課金による交通需要管理の最適化　191

表10-1　基本モデルの状況設定

経路
経路A：バイパス9.5km＋アクセス3.0km
経路C：抜け道9.5km
経路B：一般道10.5km

総交通需要は1,664台/時で一定
注：アクセス道の旅行速度は36km/hで一定と仮定

	経路A（バイパス）	経路B（一般道路）	経路C（抜け道）
経路名	経路A（バイパス）	経路B（一般道路）	経路C（抜け道）
経路延長	バイパス本線 9.5km ＋アクセス 3.0km	10.5km	9.5km
自由走行速度	66.7km/h	50km/h	24km/h
現行料金時の時間交通量	377台/時	769台/時	518台/時
現行料金	410円	—	—
QV式	$v_A=\dfrac{66.7}{1+0.15\cdot\left(\dfrac{N_A}{1000}\right)^4}$	$v_B=\dfrac{50}{1+0.15\cdot\left(\dfrac{N_B}{750}\right)^4}$	$v_C=\dfrac{24}{1+0.35\cdot\left(\dfrac{N_C}{300}\right)^4}$
一般化費用関数	$P_A(N_A)=1980\cdot19.5/\dfrac{66.7}{1+0.15\cdot\left(\dfrac{N_A}{1000}\right)^4}-\dfrac{N_A}{80}+\dfrac{3.0}{36}+410$	$P_B(N_B)=1980\cdot10.5/\dfrac{50}{1+0.15\cdot\left(\dfrac{N_B}{750}\right)^4}-\dfrac{N_B}{40}$	$P_C(N_C)=1980\cdot9.5/\dfrac{30}{1+0.35\cdot\left(\dfrac{N_C}{500}\right)^4}$

第5部 対距離課金による交通需要管理と道路整備の最適化

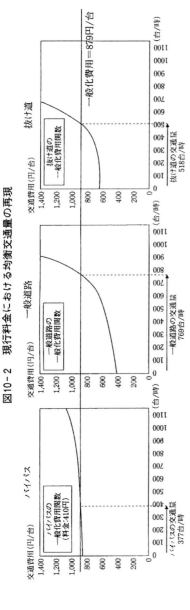

図10-2 現行料金における均衡交通量の再現

表10-2 現行料金における均衡交通量・社会的費用等

	料金 (円/台)	交通量 (台/時)	旅行速度 (km/時)	一般化費用 (円/台)	総時間費用 (円/時)	総社会的費用 (混雑・CO_2・事故) (円/時)	料金収入 (円/時)
バイパス	410	377	61.8	879	176,978	193,284	154,570
一般道路	0	769	23.7	879	675,591	1,938,597	
抜け道	0	518	21.4	879	455,362	1,018,388	
合計	—	1,664	—	—	1,307,931	3,150,269	154,570

第 10 章　対距離課金による交通需要管理の最適化　　193

10.4　交通需要管理モデルによる課金効果の評価

10.4.1　課金額の設定

(1)　混雑費用

　混雑費用に基づく最適課金額は，各経路の社会的限界費用関数と私的限界費用（私的平均費用＝時間費用）関数を求め，需要曲線と社会的限界費用曲線が一致する点における社会的限界費用から私的限界費用を減じた額として求めることができる。

　本モデルにおける各経路の私的限界費用（$P_i(N_i)$）は，交通量の関数として次の式で表現することができる。

$$P_i(N_i) = h \cdot l_i \cdot t_{f,i} \cdot \left\{ 1 + a_i \left(\frac{N_C}{C_C} \right)^{\beta_i} \right\}$$

ここで，

$P_i(N_i)$	（円／台）	経路 i の一般化費用関数（交通量 N の関数）
N_i	（台／時間）	経路 i の交通量
h	（円／時間）	時間費用原単位
l_i	（km）	経路 i の距離
$t_{f,i}$	（km／時間）	経路 i の自由走行時の走行時間
C_i	（台／時間）	経路 i の時間交通容量
a_i, β_i	－	経路 i の特性を表すパラメータ

　また，混雑費用の限界費用（SMC）は，下式のように私的限界費用（$P_i(N_i)$）に交通量を乗じて総混雑費用関数（TC）を求め，それを微分することにより得られる。

$$TC_i(N_i) = P_i(N_i) \cdot N_i = h \cdot l_i \cdot t_{f,i} \cdot \left\{ 1 + a_i \left(\frac{N_i}{C_i} \right)^{\beta_i} \right\} \cdot N_i$$

$$\therefore SMC(N_i) = \frac{\partial TC_i(N_i)}{\partial N_i} = (\beta_i + 1) \frac{(h \cdot l_i \cdot t_{f,i} \cdot a_i)}{C_i^{\beta_i}} \cdot N_i^{\beta_i} + 1$$

以上で社会的限界費用関数と私的限界費用（私的平均費用＝時間費用）関数が得られたので，各経路の交通量が与えられたときの最適課金額を導出することが可能となった。

(2) 環境費用

ここでは，環境費用の指標としてCO_2排出を取り上げ，CO_2排出の社会的費用を内部化するための課金額を設定する。

1）CO_2排出の社会的費用の原単位の設定

CO_2排出による被害の社会的費用についてはさまざまな研究があり，推定結果にばらつきがある。また，海外では排出権取引市場における温室効果ガスの取引が始まっているが，日本にはまだ排出権取引市場が存在していないため，原単位については複数のパターンを設定し，感度分析を行う必要がある。そこで，CO_2排出の原単位について，下記 a. の値（627円 /t-CO_2）をベースケースとし，b. の IPCC による試算値（3,180円 /t-CO_2）を最大値として感度分析を行った。

　a．道路投資の評価に関する指針（案）における貨幣評価原単位（1996年）

　道路投資の評価に関する指針（案）（道路投資の評価に関する指針検討委員会編）では，諸外国の研究におけるCO_2排出の被害費用の平均的な値より地球温暖化の貨幣評価原単位を設定している。

　　　地球温暖化の貨幣評価原単位……2,300円 /t-C ＝627円 /t-CO_2

　b．IPCC による試算（2007年）

　IPCC（Intergovernmental Panel on Climate Change：気候変動に関する政府間パネル）による第四次評価報告書気候変化（2007）では，100以上の既存研究をレビューし，CO_2排出の社会的費用の試算値には－15〜110ドル /t-C のばらつきがあると整理している。本資料では，IPCC の最大試算値（3,180円 /t-CO_2）を感度分析用の最大値として用いた。

図10-3　CO_2排出量の推計に用いた排出量係数（一般道路および高速道路・乗用車）

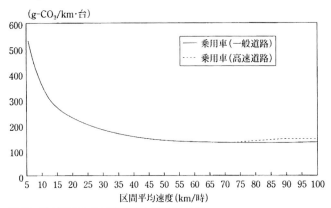

（出典）　国土技術総合研究所技術資料（平成15年3月）。

2）CO_2排出量と旅行速度の関係（排出量係数）の設定

既存資料により，走行速度とCO_2の排出量の関係式を設定した。これにより，旅行速度の速い経路ではCO_2排出量が少ないためCO_2課金額が少なくなり，旅行速度の遅い経路では，逆にCO_2課金額は高くなる（図10-3）。

既存資料では，高速道路と一般道路の2種類のみについて旅行速度とCO_2の排出量の関係を推定している。そこで，本モデルのバイパスには高速道路の関係式を，幹線道路・抜け道には一般道路の関係式を適用した。なお，道路種による排出量係数の違いはほとんど見られない。また，車種はすべて乗用車であると仮定した。

（参考）　ガソリン1リットルの消費によるCO_2排出量
- 政府公表資料によれば，ガソリン1リットルの消費によるCO_2排出量は，約2.3kg-CO_2である。（出典「温室効果ガス排出量算定方法に関する検討結果」平成12年9月　環境庁温室効果ガス排出量算定方法検討会）
- すなわち，ガソリン1リットル当たり10km走行できる車両は，1km走行当たり0.23kg-CO_2を排出しており，627～3,180円/t-CO_2の原単位を用いると，0.1～0.7円/km社会的費用を発生させている計算となる。

196 第5部 対距離課金による交通需要管理と道路整備の最適化

表10-3 道路種別事故率

| | 事故率（事故件数／百万台キロ） | | | |
	自動車専用道路	幹線道路	市区町村道	合計
市街地	0.19	1.45		1.60
非市街地	0.08	0.25		0.32
平均	0.11	0.55	3.25	0.72

（出典） 走行台キロ：自動車輸送統計年報，平成11年度道路交通センサス。
　　　　事 故 件 数：交通事故総合分析センターのデータ。
（注） 事故率＝事故件数／走行台キロにより算出。

（3） 事故費用

　交通事故は，自動車利用の外部費用の一つである。そこで，ここでは，事故による社会的費用を内部化するための課金額を設定する。事故費用とは，事故によって発生する死亡・負傷の社会的費用である。道路種別に事故発生確率をみると，規格の高い道路では事故発生確率が低く，規格の低い道路では事故発生確率が高いことが知られているので，わが国の交通事故関連データを用いて，道路種別に1 km走行当たりの事故率を推定した。次に，死亡・負傷それぞれの費用の原単位を設定し，これらをもとに，各経路について，事故費用に基づく課金額（1 km当たりの平均事故費用）を設定する。

　1） 道路種別の事故率の推計（表10-3）

　各種統計を用いて，道路種別の事故率を以下のとおり推計した。なお，市町村道については市街地／非市街地別データが揃っていないため，両地域を合わせた平均事故率を用いた。

　2） 死亡事故・負傷事故の費用の原単位

　交通事故による死亡・負傷の費用原単位については，国土交通省資料より，表10-4のとおり設定した。なお，日本の交通事故の損失額は，諸外国と比較して少なすぎるという指摘があることから，内閣府資料より，事故の原単位を欧米諸国並みに引き上げた場合についても感度分析を行った。

　なお，わが国と欧米諸国の死亡による社会的費用にこのような大きな差が発

第10章　対距離課金による交通需要管理の最適化　　　　197

表10-4　死亡事故・負傷事故の費用の原単位

	ベースケース （国土交通省平成15年値）	感度分析・最大ケース （内閣府平成16年度）
死亡事故人的損害額	3,616万円	2億2,600万円
負傷損害額	153万円	177万円

（出典）　国土交通省道路局，都市・地域整備局（2004）「費用便益分析マニュアル〈連続立体交差事業編〉」平成16年4月。
　　　　内閣府政策統括官（共生社会政策担当）「交通事故の被害・損失の経済的分析に関する調査研究報告書」平成19年3月。

生した主たる原因は，欧米の多くの国々では逸失利益，物的損失等の金銭的損失以外に，「human costs」「quality of life」「immaterial cost」等と呼ばれる非金銭的損失を算定していることである。

　3）1km当たりの事故費用の推計（表10-5）
　1）で求めた事故率，2）で求めた原単位に加え，死亡事故・負傷事故件数（全国ベース）等のデータから，以下のとおり，道路種ごとの1km当たりの事故費用を設定した。

10.4.2　社会的限界費用課金を行った場合の効果

　経路A・B・Cそれぞれにおいて混雑・環境・事故の社会的限界費用（図10-4の太い曲線）に基づいた対距離課金を実施することで，総社会的費用（混雑・環境・事故の総費用）が最小化する交通量配分が実現する。最適な課金を行った場合，178万円／時の社会的便益（総社会的費用の減少分）が発生すると推計された。現行料金時の総社会的費用が315万円であったことから，適切な課金により各経路の交通量を調整することで総社会的費用を半分以下に抑えることを示しており，対距離課金が大きな社会的便益を発生させることができる。

10.4.3　社会的限界費用課金（混雑＋環境＋事故の感度分析（最大課金ケース））

　次に，混雑・CO_2排出・事故の原単位の最大値を用いて課金額を求めた。ベースケースに比べ，社会的費用の原単位が高いため，各経路の課金額はベースケースに比べて高くなる。特に抜け道における課金額が高くなり，抜け道の

表10-5　1km当たりの事故費用設定の流れ

事故率（件/百万台キロ）

	事故率		
	自動車専用道路	幹線道路	市区町村道
事故率（事故件数/百万台キロ）	0.11	0.55	3.25

×

事故種別事故費用原単位（万円/人）

	死亡事故	負傷事故
事故費用単価（ベースケース）	3,616	153
事故費用単価（最大ケース）	22,600	177

×

事故1件当たり死亡・負傷者人数（人/件）

	死亡事故	負傷事故
件数（年間）	6,147	880,717
人数（年間）	6,352	1,098,200
人/件	1.03	1.25

=

死亡・負傷を加重平均した事故費用原単位（万円/件）

	高速道路	一般道路
事故費用単価（ベースケース）	251	215
事故費用単価（最大ケース）	613	377

=

事故種別事故費用原単位（万円/件）

	死亡事故	負傷事故
事故費用単価（ベースケース）	3,737	191
事故費用単価（最大ケース）	23,354	221

道路種別事故件数（件/年）平成18年

	死亡事故	負傷事故
高速道路	234	13,569
一般道路	5,913	867,148
合計	6,147	880,717

1km当たり事故費用＝課金額（円/台キロ）

	自動車専用道路	幹線道路	市区町村道
事故課金額（ベースケース）	0.3	1.2	7.0
事故課金額（最大ケース）	0.7	2.1	12.3

（出典）（財）交通事故総合分析センター「交通統計 平成18年版」をもとに算出。

第10章 対距離課金による交通需要管理の最適化　199

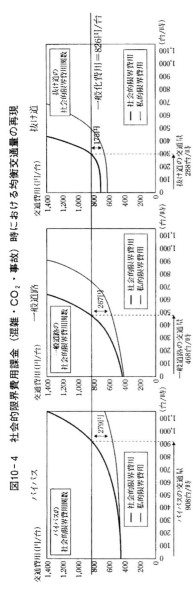

図10-4 社会的限界費用課金（混雑・CO_2・事故）時における均衡交通量の再現

表10-6 社会的限界費用課金（混雑・CO_2・事故）時における均衡交通量・社会的費用等

	交通量 (台/時)	旅行速度 (km/時)	時間費用 (円/台)	料金 (円/台)	料金/km (円/km)	社会的限界費用課金 時の一般化費用 (円/台)	総時間費用 (円/時)	総社会的費用 (混雑・CO_2・事故) (円/時)	料金収入 (円/時)
バイパス	908	49.2	547	279	29.4	826	497,116	750,361	253,245
一般道路	468	37.2	559	267	25.4	826	261,635	386,434	124,799
抜け道	288	28.9	651	176	18.6	827	187,513	238,267	50,754
合計	1,664	−					946,264	1,375,062	428,799

交通量が抑制されるため，事故による外部費用が大幅に減少する（図10-5）。

10.5　交通量が多い／少ないケースの感度分析（表10-8）

　これまでは湖西地区の実際の交通量に基づいて交通量を設定した。ここでは，ベースケースで設定した総交通量が＋／－20％に増減した場合について，課金額およびその他の指標がどのように変化するかを求めた。

　シミュレーションの結果，交通量が＋／－20％変化すると，最適な課金水準がそれ以上に変化することが明らかとなった。たとえば，交通量が＋20％の場合，バイパス，一般道の最適課金水準はベースケースに比べて30％高くなり，抜け道の課金水準はベースケースに比べて２倍程度となった。また，交通量が－20％の場合，バイパス，一般道の最適課金水準はベースケースに比べて30％程度低くなり，抜け道の課金水準はベースケースに比べて半額程度となった。

　（参考）　IMPACT報告書における課金額との比較（図10-6，表10-9）
　第6章において述べたように，欧州委員会のIMPACT調査においてもすべての交通インフラ利用者に対し，その利用によって生じる外部不経済（混雑，大気汚染，気候変動，騒音，交通事故など）を内部化させるための仕組みの構築を検討している。中でも，道路に関しては欧州の全道路で全車種の利用者に課金する場合の課金水準について検討している。
　そこで，本研究で推定した最適課金額（混雑，CO_2，事故のみ）と，IMPACTでのそれを比較した。本研究で推定した課金額の上限値～下限値はIMPACT調査による課金水準の幅に収まっており，本研究で設定した最適課金水準の妥当性が確認できた。

第10章 対距離課金による交通需要管理の最適化　　201

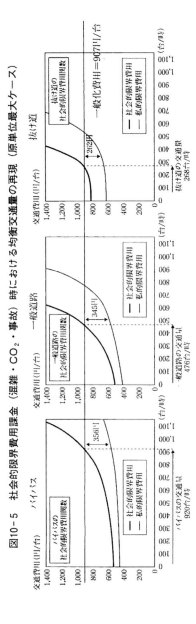

図10-5　社会的限界費用課金（混雑・CO_2・事故）時における均衡交通量の再現（原単位最大ケース）

表10-7　社会的限界費用課金（混雑・CO_2・事故）時における均衡交通量・社会的費用等（原単位最大ケース）

	交通量 (台/時)	旅行速度 (km/時)	時間費用 (円/台)	料金 (円/台)	料金/km (円/km)	社会的限界費用課金 時の一般化費用 (円/台)	総時間費用 (円/時)	総社会的費用 (混雑・CO_2・事故) (円/時)	料金収入 (円/時)
バイパス	920	48.7	551	356	37.5	907	506,939	834,803	327,864
一般道路	476	36.9	563	345	32.8	908	268,098	432,164	164,066
抜け道	268	29.2	645	262	27.5	907	172,876	243,009	70,133
合計	1,664	—					947,913	1,509,976	562,063

表10-8 交通量による感度分析

		交通量	旅行速度	時間費用	料金	料金/km	社会的限界費用課金時の一般化費用	総時間費用	総社会的費用（混雑・CO_2・事故）	料金収入
		(台/時)	(km/時)	(円/台)	(円/台)	(円/km)	(円/台)	(円/時)	(円/時)	(円/時)
課金前	バイパス	377	61.8	469	410	43.2	879	176,978	193,284	154,570
	一般道	769	23.7	879	0		879	675,591	1,938,597	-
	抜け道	518	21.4	879	0		879	455,362	1,018,388	-
	合計	1,664	-		-			1,307,931	3,150,269	154,570
ベース	バイパス	908	49.2	547	279	29.4	826	497,116	750,361	253,245
	一般道	468	37.2	559	267	25.4	826	261,635	386,434	124,799
	抜け道	288	28.9	651	176	18.6	827	187,513	238,267	50,754
	合計	1,664	-					946,264	1,375,062	428,799
交通量20%増	バイパス	1,044	43.6	597	485	51.1	1,082	623,057	1,129,855	506,798
	一般道	570	33.4	623	461	43.9	1,084	355,149	617,991	262,842
	抜け道	383	26.8	702	381	40.1	1,083	268,995	414,785	145,790
	合計	1,997	-					1,247,201	2,162,632	915,431
交通量20%減	バイパス	809	52.6	523	188	19.8	711	423,004	575,274	152,270
	一般道	395	39.6	526	186	17.7	712	207,613	281,196	73,583
	抜け道	127	30.0	628	84	8.8	712	79,745	90,410	10,665
	合計	1,331	-					710,362	946,879	236,517

(注) ベースケースの容量比＝74％，交通量＋20％の容量比＝89％，交通量－20％の容量比＝59％。なお，この場合の容量は，QV式の設定で用いた値（バイパス1,000台/時，一般道路750台/時，抜け道500台/時）であり，可能交通容量とは異なる。

10.6 まとめ

　現行料金（バイパスのみ410円）の場合，規格の高いバイパスが高い料金のために使われず，一般道路・抜け道に交通が集中して，総社会的費用（混雑＋CO_2＋事故）を発生させている。本章のシミュレーションでは，混雑，CO_2，事故の社会的限界費用を考慮した課金を実施した場合，総社会的費用を最小とする効果が得られることが確認できた。

第10章　対距離課金による交通需要管理の最適化　　　203

図10-6　IMPACT報告書および本研究会で設定した課金額の比較

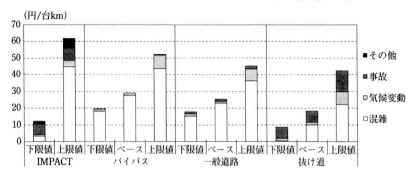

表10-9　IMPACT報告書および本研究会で設定した課金額の比較

(単位：円/台km)

	IMPACT		バイパス			一般道			抜け道		
	下限値	上限値	下限値	ベース	上限値	下限値	ベース	上限値	下限値	ベース	上限値
自然・景観	0.0	0.0									
騒音	1.3	5.4									
大気汚染	0.2	0.5									
事故	6.7	7.7	0.3	0.3	0.7	1.2	1.2	2.1	7.0	7.0	12.3
気候変動	1.0	3.7	1.5	1.5	8.2	1.3	1.3	7.1	1.5	1.5	7.9
混雑	3.2	44.8	18.0	27.6	43.7	15.3	22.9	36.3	0.4	10.1	22.2
課金額計	12.3	62.1	19.8	29.4	52.5	17.7	25.4	45.4	8.8	18.6	42.4

(注)　IMPACTの課金額は，都市内幹線道路・ピーク時・乗用車のケース。1ユーロ=160円で換算。
　　　本研究の課金額は，都市内道路・ピーク時・乗用車を想定。また，社会的費用は混雑，CO_2，事故のみを考慮。

混雑，CO_2，事故それぞれの社会的費用の原単位を設定し，モデルケースにおける課金額を推計したところ，最適な課金水準はバイパスで29円/km，一般国道で25円/km，抜け道で19円/kmという推定結果となった。この課金額は欧州委員会の IMPACT 報告書で設定している都市部幹線道路の課金額の上限値・下限値のほぼ中間に位置している。

なお，課金額のうち，ほとんどの割合を混雑が占めており，CO_2および事故の費用は最大の原単位を用いた場合でも相対的に少ない部分しか占めていない。ただし，抜け道における事故の課金額だけは例外であり，事故の課金額が大きな割合を占めており，抜け道への交通流の流入を抑制し，事故費用を減少させる効果を生んでいる。

交通量に関する感度分析の結果，交通量が＋/－20％変化すると，最適な課金水準がそれ以上に変化することが明らかとなった。ベースケースの時間交通量はピーク時を想定したものであるが，一日の交通量は時間帯によって大きく変動する。よって，課金水準も各時間帯の交通量に応じてダイナミックに変化させることが望ましいことを示している。

本研究では，交通需要管理モデルを混雑，CO_2，事故の限界費用を課金することを検討してきたが，社会的限界費用課金を実務に応用するためには，さらに経路数を増やし，ネットワーク・モデルを構築し，検討を行う必要がある。また，本研究では総交通量固定（道路利用の価格に対する需要が非弾力的）との仮定を置いたが，将来的には，需要が弾力的な場合の社会的便益の推定の手法についても検討する必要がある。

第11章 対距離課金による道路容量の最適化

11.1 はじめに

1.2.4項では，現行の自動車関係諸税および有料道路料金を廃した上で，場所や時間帯，車種など，自動車の走行環境ごとに，距離当たりの社会的限界費用に応じた負担を道路利用者に求める「対距離課金」の導入を通じて，長期的に道路容量の最適化を達成する道路計画手続きの提案を行った。本章では同理論モデルが成立することをシミュレーション分析によって確認する。

11.2 対距離課金による道路容量の最適化問題

対距離課金による道路容量の最適化プロセスをシミュレーションで再現するために，課金額の決定方法を確認しておきたい。

たとえば，ある出発地と到着地を1本の混雑した道路（容量不足）が存在する場合，一般的な混雑税の議論と同様，短期社会的限界費用と需要曲線が交わる交通量における社会的限界費用と私的限界費用の差額が道路利用者の短期最適課金額である。このうち，社会的平均費用と私的限界費用の差額が現在の道路容量の維持更新に必要な課金額であるのに対し，社会的限界費用と社会的平均費用の差額がインフラ管理者の超過収入すなわち新規投資（車線数増，網密度増）に相当する課金額であり，この分だけ次期の道路容量が増加する。このプロセスを反復することで，最終的に，社会的限界費用と社会的平均費用と需要曲線が同時に交わる，長期最適な道路容量と交通量が実現すると考える[1]。

道路ネットワークを2本の経路に拡張してみる。また，道路容量の拡大のケ

---

1) 詳しくは，根本・味水・梶原（2007）を参照されたい。

図11-1　道路ネットワークモデル

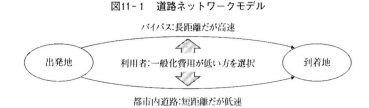

ース（過小容量）だけでなく，縮減のケース（過大容量）も考えたい。近年の道路をめぐる問題として，局所的な混雑問題，大気汚染問題に対する特定の道路の容量不足が存在する一方で，並行する有料道路などがさまざまな理由で交通量不足（過大容量）問題を抱えていることも少なくない。道路ネットワーク全体の容量の調整を課金を通じて実現することを考えたい。

そこで，ある出発地と到着地を結び，長距離だが旅行速度が速い幹線道路（バイパス）と短距離だが旅行速度が低い幹線道路（都市内道路）の2経路からなる道路ネットワークモデルを考える（図11-1）。ここで道路利用者は，時間費用と対距離課金額の合計である一般化費用が低い方を選択する。また議論の単純化のため，全体交通量は一定とし，2経路間の交通量分担を考えることとする[2]。

ここで，一般化費用の水準を踏まえたとき，バイパスが相対的に過小容量ならば，上で示した限界費用に基づく対距離課金による道路容量の最適化を通じて，バイパスの道路容量は増加すると考えられる。それに対し，都市内道路が相対的に過大容量ならば，限界費用に基づく対距離課金では，その維持更新費用もまかなえないケースも生じうる。この場合，上で示したケースと異なり，その不足額分だけ，道路容量を削減せざるをえない。このプロセスを繰り返すことで，バイパスと都市内道路それぞれの最適交通量と最適容量に収束すると

---

[2] 本節では，この2経路モデルに基づき分析を行うため，対距離課金も経路ごとにひとつの金額として捉えることができる。ただし，複数の出発地・到着地からなる，より広範囲の道路ネットワークを考える場合，道路はさまざまな経路の一部を構成する多数の区間に分けられ，その区間ごとに対距離課金額と道路容量を検討する必要が生じる。この問題の検討については，今後の課題としたい。

第 11 章　対距離課金による道路容量の最適化　　　207

考えられる（図11-2と図11-3）。

　図11-2および図11-3は，横軸が交通量，縦軸が費用水準を表す図である。全体交通量は一定と仮定した上で，それぞれのバイパスの社会的限界費用と都市内道路の限界費用が交わる点で，バイパスと都市内道路の交通分担量（台数）が求められる。なお，このときの社会的限界費用と私的限界費用の乖離分が課金額となる。社会的平均費用が私的限界費用より高ければさらなる新規投資が行われる一方で，私的限界費用が社会的平均費用に比べて高い場合，その道路は，同一容量を維持更新することができず，容量自体も減少する。

　なお，言うまでもなく，ここでの議論はすべての道路に当てはまるわけではない。幹線道路，なかでも需要に合わせ長期的に容量を増減させるべき片側2車線以上の幹線道路が想定されている。また，内閣府政策統括官編（2002）に示されるように道路の平均耐用年数は約46年だが，その年数に達していない道路に対して上記の議論を当てはめ，その削減を求めるものではない。当該道路が耐用年数に達した段階で，住宅や商業施設など他の用途に転換することになっている。したがって当該道路に関する費用は埋没しない[3]。

11.3　対距離課金に基づく道路容量最適化シミュレーション

11.3.1　シミュレーションの枠組み

　本節では，上で示した計画論に基づき，2経路モデルにおける対距離課金による道路容量最適化シミュレーションを行う。すなわち，初期段階で一定容量の道路が2本存在し，この2本の道路の利用者に対して短期社会的限界費用価格形成に基づく対距離課金を適用し，その収入を道路の維持更新費用と新規投資費用に充当することで道路容量を最適化する。

---

[3]　なお，既存の道路において，過去の交通需要の伸びに対応するため，その道路空間のほとんどを車道が占め，歩行者や自転車利用者が危険な移動を強いられているケースや，緑地帯の不足のために沿道住民の生活環境が悪化しているケースが多数存在している。これら車道以外の道路空間の確保は，社会全体に便益をもたらすものであり，また，その整備に要する負担のすべてを道路利用者のみに求めるべきものでもない。その意味では歩道，緑地帯への転換は，住宅や商業施設への転換よりも重要，かつ現実的かもしれない。なお，具体的な空間の転換事例の詳細な検討については，今後の課題としたい。

208　第5部　対距離課金による交通需要管理と道路整備の最適化

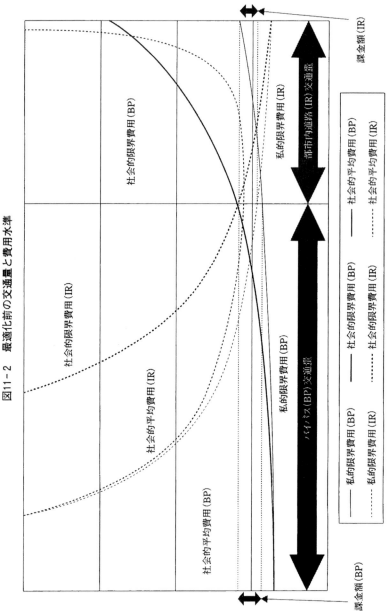

図11-2　最適化前の交通量と費用水準

第11章 対距離課金による道路容量の最適化

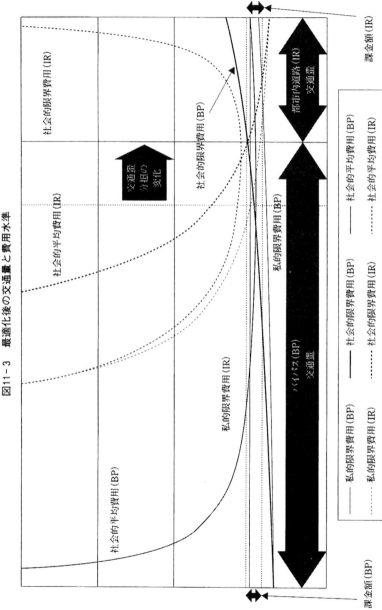

図11-3 最適化後の交通量と費用水準

本シミュレーションの枠組みを示したものが図11-4，前提条件を示したものが表11-1である。はじめに，道路ごとに期首道路容量を初期値として設定する。収入面では，期首道路容量と全体交通量に基づき，旅行速度関数を介して，2経路の各交通量が定まり，課金収入額が求まる。支出面では，表11-1に示されるように，1車線km当たりの道路の容量維持更新必要額（用地費用，維持費用，更新費用の合計）が求められる。次に課金収入額から容量維持更新必要額を減じ，その差額が正の場合は，その差額を1車線km当たりの更新費用単価で除すことで求められる追加車線数分の新規投資が行われる（基本ケースでは道路インフラ費用に関しては規模に関して収穫一定と仮定）。その差額が負の場合は，課金収入額から用地費用および維持管理費用を減じた残額を1車線km当たりの更新費用単価で除すことで維持更新可能な車線数が求められ，期首車線数との差が減少車線数となる。

上記のプロセスを通して，期末道路容量すなわち次期の期首道路容量が定まる。また，この過程で考慮する外部費用としては，混雑費用のほか，事故費用および気候変動費用が挙げられる。なお，事故費用および気候変動費用については，第10章で推定した値を用いる。

本シミュレーションの場合，交通サービスが相対的に高いバイパスでは新規投資が続く一方で，交通サービスが相対的に低い都市内道路では更新の断念が続き，それぞれ最終的にある水準で収束すると考えられる。

なお表11-1で示す前提条件のうち，旅行速度[4]と交通量については，湖西道路（滋賀県）での交通観測データに基づいている。また，道路費用としては，時間費用とインフラ費用（用地，維持，更新費用）を想定しており，このうち時間費用は国土交通省道路局，都市・地方整備局（2003）に基づき，インフラ費用は国土交通省（2007）に基づき，それぞれ設定している。ここで，車線数は道路容量の代理変数であり，また2経路全体交通量が1時間当たり4,200台（一定）かつ24時間にわたって一様に分布していると仮定している。

以上の枠組みおよび条件を用いて，社会的費用を考慮した道路別対距離課金

---

4) BPR関数を援用して推定しており，時間費用において，バイパス，都市内道路とも車線数に関し若干の規模の不経済が存在している。

第11章 対距離課金による道路容量の最適化

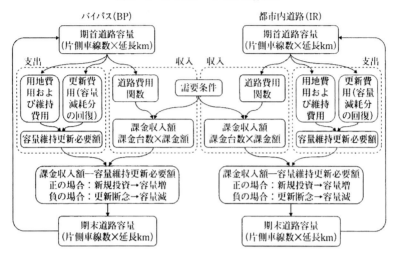

図11-4 シミュレーションの枠組み

表11-1 シミュレーションにおける前提条件

	バイパス（BP）	都市内道路（IR）
延長	12km	10km
自由走行速度	66.7km/h	50km/h
旅行速度関数	$V_{BP}=\dfrac{66.7}{1+0.15\cdot\left(\dfrac{N_{BP}}{1000\cdot L}\right)^4}$	$V_{IR}=\dfrac{50}{1+0.15\cdot\left(\dfrac{N_{IR}}{750\cdot L}\right)^4}$
	V：速度（km/h） N：交通量（台） L：車線数（車線）	
初期車線数	片側3車線（両側6車線）	片側3車線（両側6車線）
時間交通量	4,200台（$N_{BP}+N_{IR}=4,200$）	
時間費用	時間価値（3,771.6円/h）×距離（km）÷速度（km/h）	
用地費用	13.4億円/車線km・40年	8.9億円/車線km・40年
維持費用	0.20億円/車線km・年	0.14億円/車線km・年
更新費用	13.2億円/車線km・40年	8.8億円/車線km・40年

を実施する．上述したように，道路利用者が負担する課金額は，短期社会的限界費用と短期私的限界費用の差分である．ただし，本シミュレーションでは2経路全体交通量を一定と仮定したため，両経路の社会的限界費用が同じ水準で

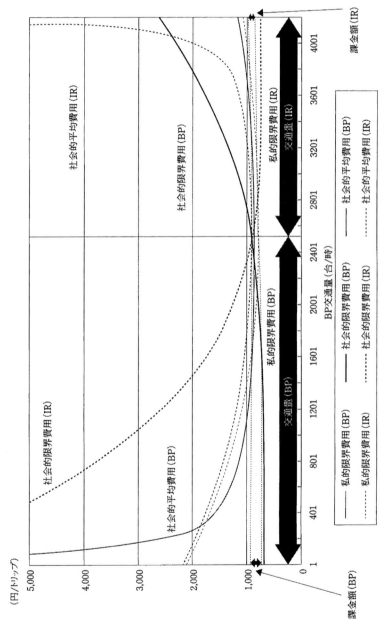

図11-5 バイパスと都市内道路の費用水準（初期段階）

各経路の交通量が決定されると考える。1年目の両道路の費用水準は図11-5に示される。ここに示されるように，1年目は，両経路の社会的限界費用の交点（バイパス2,518台，都市内道路1,682台）で各経路の交通量が決定され，その時点での社会的限界費用と私的限界費用の差分（バイパス202円，都市内道路141円）が，それぞれの課金額となる。

11.3.2 シミュレーションの結果

本シミュレーションのプロセスおよび結果をまとめたものが図11-6～図11-9である。これらの図から，バイパスでは課金額が逓減する一方で交通量が増加し，また新規投資額の逓減と道路の維持更新費用の逓増を反映して期首車線数は逓増しながら，50年後には4.56車線程度に達することが読みとれる[5]。また都市内道路では課金額が逓減するなかで交通量も逓減し，また課金収入で道路の維持更新費用をまかなえないため，車線数が逓減し，50年後には1.16車線（片側車線数，以下ことわりのない限り）程度に達することが読みとれる。

また，本節におけるシミュレーションでは，2経路の道路容量の収束プロセスの導出を目的としているため，議論の単純化を図る意味で，毎年，課金収入

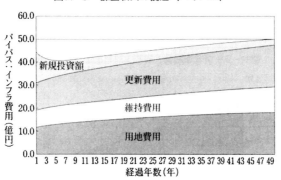

図11-6　課金収入の使途（バイパス）

---

5) 道路容量を離散的に捉える考え方もあるが，道路構造令に基づき，幅員および側方余裕を考慮すると，道路容量は幅員に対応して連続的に増加する。ここでは車線を，実現可能な幅員を平均的な幅員で除した数値と捉える。

第5部 対距離課金による交通需要管理と道路整備の最適化

図11-7 期首車線数と新規追加車線数（バイパス）

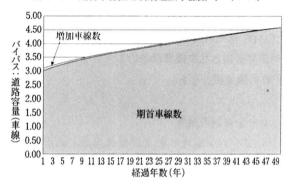

図11-8 課金収入の使途（都市内道路）

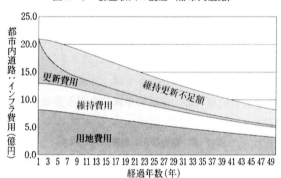

図11-9 期首車線数と新規追加車線数（都市内道路）

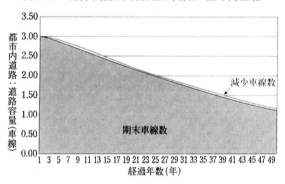

第11章　対距離課金による道路容量の最適化　　　215

に基づき追加的な投資を行うという前提に基づき分析を行っている。しかしな
がら，実際の道路投資において，毎年道路容量の増加を図る必要はない。現実
の道路投資では予測される最適道路容量水準に基づき，課金収入額も踏まえつ
つ，適切なタイミングで投資を行うことが必要と考える。たとえば，この基本
ケースの場合，バイパスは12年目に4車線に，47年目に5車線に拡幅すること
が，また都市内道路は14年目に2車線に，39年目に1車線に削減することが望
ましいと考えられる。

　なお，この基本ケースに基づく推計を200年にわたって行ったところ，都市
内道路は56年目には1車線を下回り，180年目にはほぼ0車線に達する。この
ことは，もしこの2経路の交通需要が将来にわたって一定で，かつこの都市内
道路がトラフィック機能のみを担う幹線道路である場合，バイパスを5車線整
備する一方で都市内道路は廃道とすることが望ましいことを意味している。

　本シミュレーションはひとつの起終点ペアに対し2つのルートが存在するネ
ットワークでの競合関係を分析したものであり，ひとつの道路が長期的に廃道
になる結論は，理論的に予想された結果である。両道路とも規模に関し収穫一
定，すなわち長期平均費用曲線が水平であることを仮定しているため，長期平
均費用が相対的に高い道路は廃道になる[6]。また，シミュレーションでは収束
点に近づくにしたがい一期ごとの追加的投資額，不足投資額は少なくなってい
くため，最終的に収束するまでに100年以上を要することになる。

11.3.3　感度分析

　ここで，上記の基本ケースのシミュレーションのほか，図11-10に示す前提
条件に基づき，基本ケースにバイパスにおけるインフラ費用の規模の経済およ
び都市内道路におけるインフラ費用の規模の不経済を想定した感度分析を実施
した。

　この感度分析の推計結果は表11-2に示すとおりである。

　表11-2からは，バイパスに規模の経済，都市内道路に規模の不経済を，い

---

6)　このシミュレーションは道路の交通機能のみを対象に行っている。実際の道路は，沿道に住宅な
　どの施設が立地しており，アクセス機能なども有する。このため交通機能が低下したからと言っ
　て，その道路の必要性がなくなるわけではない。

図11-10 感度分析の前提条件

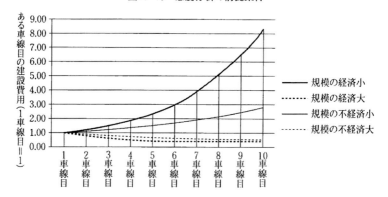

ずれかまたは両方設定した8パターンの感度分析において，50年目にはいずれもバイパスが5車線から6車線，都市内道路が0車線から1車線に達し，バイパスが5車線，都市内道路が1車線に達した基本ケースと比べ，大きな違いのない結果が導かれた[7]。

理論的には道路に規模の不経済（経済）があれば，短期限界費用課金収入は維持管理・更新費用を上回ってしまう（下回ってしまう）ことになっている。しかし，上回った場合（下回った場合）の過大（過小）投資は，次期に混雑緩和（混雑増加）となり，短期限界費用を下げる（上げる）ことにつながる。しかも収束プロセスで，このような相互作用が生じるため，実質的には観察できる程の振動を生み出すには至らなかったと思われる。今後，条件を変えたシミュレーション分析がさらに必要である。

11.4 まとめ

本節の議論は，Mohring (1976) が提示した考え方を援用し，限界費用課金による最適な道路容量を実現する計画論を2経路モデルで構成し，シミュレー

---

7) 今回，検討していないが，走行速度に係わる規模の経済，不経済の影響がより大きいと思われる。

第11章　対距離課金による道路容量の最適化　　　　217

表11-2　感度分析の推計結果

	バイパスの 規模の経済	都市内道路の規模 の不経済	バイパス車線数 （50年目）	都市内道路車線数 （50年目）
基本ケース	なし	なし	4.56	1.16
感度分析1	なし	小	4.76	0.85
感度分析2	なし	大	4.92	0.62
感度分析3	小	なし	5.02	0.77
感度分析4	小	小	5.16	0.58
感度分析5	小	大	5.26	0.43
感度分析6	大	なし	5.37	0.54
感度分析7	大	小	5.46	0.42
感度分析8	大	大	5.53	0.32

ション分析を行ったものである。すなわち，長期的に需要に見合う最適道路容量を，混雑費用や環境費用などを考慮した短期社会的限界費用に基づく対距離課金によって実現する計画論を提案した。そして，上記の計画論に基づき実施した，道路容量最適化シミュレーションを通じて，複数経路の下でも，道路の整備水準および交通サービス水準に応じて，一定の道路容量に収束するケースを求めることができ，提案した計画論が実現可能であることを明らかにした。

　今後の課題としては，条件を変更した上でのシミュレーションの実施（特に旅行速度関数に関する規模の経済性の検討），より詳細な道路インフラ費用や外部費用データの収集，価格弾力性をはじめとする需要データの分析とそれらデータの反映，固定的な将来交通需要に関する仮定の緩和，より広範囲の道路ネットワークにおける区間ごとの対距離課金額と道路容量の検討などが挙げられる。

参考文献

Bird, R. M. (1984) *Intergovernmental Finance in Colombia: Final Report of the Mission on Intergovernmental Finance*, Cambridge, Mass.

Bowen, H. (1943) "The Interpretation of Voting in the Allocation of Economic Resources," *Quarterly Journal of Economics*, Vol.58, pp.27-48.

CE Delft (2002) *Return on Roads*.

CE Delft (2007) *Handbook on estimation of external cost in the transport sector: Internalisation Measures and Policies for All external Cost of Transport*.

Dahl, C. (1995) "Demand for Transportation Fuels: A Survey of Demand Elasticities and Their Components," *The Journal of Energy Literature*, Vol.1, No.2, pp.3-27.

Dahl, C. and T. Sterner (1991a) "Analyzing Gasoline Demand Elasticity," *Energy Economics*, No.13, pp.203-210.

Dahl, C. and T. Sterner (1991b) "A Survey of Econometric Gasoline Demand Elasticities," *International Journal of Energy Systems*, Vo.11, No.2, pp.53-76.

道路法令研究会 (1999)『道路法令解説　改訂版』大成出版社。

European Commission (1995), *Towards fair and efficient pricing in transport: Policy options for internalizing the external costs of transport in the European Union*, COM (95) 691 final.

European Commission (1998) *Fair payment for infrastructure use: A phased approach to a common transport infrastructure charging framework in the EU*, COM (1998) 466 final.

European Commission (2001) *European Transport Policy for 2010: time to decide*.

European Commission (2003) *Proposals for European Parliament and Council Directive 1999/62/EC on the charging of heavy goods vehicles for the use of certain infrastructure*, COM (2003), July.

European Commission (2003) *Proposal for a Directive of the European Parliament and of the Council on the widespread introduction and interoperability of electronic road toll systems in the Community*, COM (2003) 132 final.

European Commission (2006) *Keep Europe Moving*, Brussels 2006.

European Council (2003) *Directive 93/89/EEC on the application by Member States by taxes on certain vehicles used for the carriage of goods by road and tolls and charges for the use of certain infrastructure.*

European Parliament and Council (1999) *Directive 1999/62/EC on the charging of heavy goods vehicles for the use of certain infrastructure.*

遠藤伸明 (2001)「わが国航空会社の供給・費用構造の一考察」,『交通学研究』2000年研究年報, pp.83-92。

Federal Highway Administration (FHWA)(1982) *Final Report on Federal Highway Cost Allocation Study.*

Federal Highway Administration (FHWA)(1992) *Financing Federal-aid Highways.*

Federal Highway Administration (FHWA)(2008) *Value Pricing Pilot Program Quarterly Program Reports.*

藤井彌太郎・中条潮編 (1992),『現代交通政策』東京大学出版会。

二村真理子 (1999)「自動車交通に関する二酸化炭素排出抑制—ガソリンに対する課税とその効果—」,『公益事業研究』第51巻第2号, pp.1-8。

二村真理子 (2002)「貨物自動車の軽油消費に対する重課税の効果—貨物自動車の軽油需要に関する関数推定—」,『交通学研究』2001年研究年報, pp.177-186。

Greene, D.L., D. W. Jones and M. A. Delucchi edits. (1997), *The Full Costs and Benefits of Transportation,* Springer.

ウィリアム・ヘイズ・内山和憲・鹿島茂・谷下雅義・蓮池勝人・廣田恵子・湊清之・三好博昭 (2003)『地球環境世紀の自動車税制』日本交通政策研究会研究叢書, 勁草書房。

井手文雄 (1982)『新稿近代経済学 (第4改訂版)』財務経理協会。

今井勇・井上孝・山根孟 (1971)『ゆとり社会と街づくり・道づくり』大成出版社。

井藤半彌 (1969)『租税原則学説の構造と生成』千倉書房。

金本良嗣 (2000)『地球環境と交通政策』CIRJE-J-24, 東京大学日本経済国際共同研究センター。

片山泰輔 (2001)「道路投資制度の歴史的展開」, 長峯純一・片山泰輔『公共投資と道路政策』勁草書房, 第6章, pp.96-113。

経済審議会社会資本研究委員会 (1969)『経済審議会社会資本研究委員会報告書』。

建設省近畿地方建設局 (1985)『道路網密度水準に関する検討調査業務報告書』。

国土交通省 (2007)『道路の整備・維持管理費用, 環境費用を考慮した受益者負担の仕組みに関する研究報告書』。

国土交通省道路局 (2004)『道路行政 (平成15年度)』, 全国道路利用者会議。

国土交通省道路局・都市・地域整備局 (2003)『費用便益分析マニュアル』。

国土交通省国土技術政策総合研究所・一橋大学 (2008)『道路の整備，維持管理費用，
　環境費用を考慮した受益者負担の仕組みに関する研究』。

越正毅・杉山雅洋・山根孟 (1985)「道路網密度に関する研究」，『道経研シリーズ』
　A-60-2，道路経済研究所。

Levinson, D.M. and D. Gillen (1998) "The full cost of intercity highway transporta-
　tion," *Transportation Research-D*, Vol.3, No.4, pp.207-223.

Levinson, D.M., D. Gillen, A. Kanafani and J. Mathieu (1996) *The Full Cost of Inter-
　city Transportation: An Intermodal Comparison*, UCB-ITS-RR-96-3, Institute of
　Transportation Studies, University of California at Berkeley, Berkeley CA.

Lindahl, E. (1958) "Just Taxation- A Positive Solution," in Musgrave, R. A. and A.
　T. Peacock edits., *Classics in the Theory of Public Finance*, London: Macmillan,
　pp.168-176.

Link, H, J. Dodgson, M. Maibach and M. Herry (1999) *The Costs of Road Infra-
　structure and Congestion in Europe*, Physica-Verlag.

McGillivray, R., K. Neels and M. Beesley (1978) 'Toward Rational Road-User Charg-
　es,' "Transportation Finance and Charges, Programming, and Costs," *Transpor-
　tation Research Record*, 680, pp.35-40.

三木義一 (1987)「わが国における戦前の受益者負担金法制と『利益』概念」，『静岡
　大学法経研究』第36巻第2号，pp.1-34。

味水佑毅 (2003)「道路投資評価における費用負担分析に関する一考察」，『交通学研
　究』2002年度研究年報，pp.151-160。

味水佑毅 (2004a)「一般道路整備の費用負担における最適プール規模に関する一考
　察」，『一橋論叢』第132巻第5号，pp.128-143。

味水佑毅 (2004b)「道路整備の地域間内部補助に対する政策導入の影響に関する一
　考察」，『道経研シリーズ』A-116。

味水佑毅 (2005a)『一般道路整備における受益者負担のあり方』一橋大学大学院商
　学研究科博士論文。

味水佑毅 (2005b)「受益者負担原則に基づく走行段階課税に関する一考察—道路整
　備費用に着目して—」『物流学会誌』第13号，pp.75-82。

味水佑毅 (2005c)「一般道路整備における車種別費用責任額に関する一考察」，『交
　通学研究』2004年度研究年報，pp.141-150。

味水佑毅 (2005d)「一般道路整備における距離制課金の導入に関する一考察」，『日
　交研シリーズ』A-383，pp.34-47。

味水佑毅 (2005e)「自動車税制の変更が道路整備の費用負担，利用者行動に与える
　影響に関する研究」，『日交研シリーズ』A-384。

味水佑毅・根本敏則（2006）「一般道路の環境改善を目的とした大型車高速料金割引の経済分析〜環境ロードプライシングの意義〜」,『物流学会誌』第14号, pp.197-20。

Misui, Y. and T. Nemoto (2006) "Cost Structure of Highway Building and Maintenance," *Recent Advances in City Logistics*, edited by Taniguchi & Thompson, Elsevier, pp.259-268.

Morhing, H. (1976) *Transportation Economics*, Cambridge Mels.

Musgrave, R.A. (1939) "The voluntary exchange theory of public economy," *Quarterly Journal of Economics*, No.52, pp.213-217.

Musgrave, R. A. (1959) *The Theory of Public Finance: a study in public economy*, McGraw-Hill.

内閣府政策統括官編（2002）『日本の社会資本—世代を超えるストック—』。

根本敏則（1999）「地方分権時代の社会資本整備—道路整備制度の評価を通じて—」『計画行政』第22巻第4号, pp.20-26。

根本敏則（2000）「道路予算の最低配分保証による受益と負担」,『高速道路と自動車』第43巻第12号pp.18-24。

根本敏則（2002）「道路整備財源調達制度の課題」,『道路建設』No 654, pp18-22。

根本敏則（2003）「アジアにおけるインターモーダル輸送の確立にむけて」,『海運経済研究』第37号。

根本敏則（2004）「交通インフラ整備財源の調達論理—EUにおけるインターモーダル財源プール制—」,『日交研シリーズ』B-112。

根本敏則（2006a）「社会実験による道路料金政策の評価」,『計画行政』第29巻3号。

根本敏則（2006b）「対距離ベースの道路利用課金システムの展開—新たな道路財源の可能性—」,『日交研シリーズ』B-126。

根本敏則・濱谷健太（2007）「時間価値分布を考慮した料金施策モデルによる細街路交通削減効果の計測」道路会議論文集CD, 道路協会。

根本敏則・今西芳一（2006）「有料道路の料金政策の有効性に関する考察」,『運輸と経済』第66巻第11号, pp.7-15, 59-69。

根本敏則・今西芳一・味水佑毅・梶原啓（2008）「社会的費用を考慮した道路別対距離課金制度による道路網の整備」,『交通学研究』2007年度研究年報, pp. 129-138。

根本敏則（2007）「課金による交通環境問題の解決」,『道路行政セミナー』No.212, pp.1-4。

根本敏則・松井真喜子（2005）「欧州における大型貨物車課金施策の展開」,『道路行政セミナー』No.180, pp.26-32。

根本敏則・味水佑毅（2002）「社会資本整備における受益者負担原則」,『公益事業研

究』第54巻第1号，pp.7-15。

根本敏則・味水佑毅・梶原啓（2007）「限界費用課金による最適道路容量の実現」，『高速道路と自動車』第50巻第11号，pp.18-25。

Nemoto, T., Y. Misui and A. Kajiwara (2007) "Optimal Road Capacity Building -Road Planning by Marginal Cost Pricing-," *11th World Conference on Transport Research CD-ROM*

日本交通政策研究会（2006）『道路特定財源の意義』日交研　E-6。

西尾崇・梶原啓（2006）「米国をはじめとする諸外国の課金政策に関する最新の動向（その1）～混雑緩和を目的とした課金政策～」，『交通工学』Vol.41，No.3，pp.90-97。

奥野正寛・鈴村興太郎（1988）『ミクロ経済学II』岩波書店。

奥野信宏（2001）『公共経済学（第2版）』岩波書店。

大久保昌一（1983）『地価と都市計画』学芸出版社。

Oregon Deprtament of Transportation (2007) *Oregon's Mileage Fee Concept and Road User Fee Pilot Program FINAL REPORT.*

Ozbay, K., B. Bartin and J. Berechman (2004) "Estimation and evaluation of full marginal costs of highway transportation in New Jersey," *10th WCTR CD-ROM.*

Quinet, E. (1997) "Full Social Cost of Transportation in Europe", in *The Full Cost and Benefits of Transportation*, edited by D. L. Greene et al., Springer.

Quinet, E. and R.Vickerman (2004) *Principles of Transport Economics*, Edward Elgar.

Ramsey, F. (1927) "A Contribution to the Theory of Taxation," *Economic Journal*, Vol.37, pp.47-61.

Samuelson, P. A. (1954) "The Pure Theory of Public Expenditure," *Review of Economics and Statistics*, Vol.36, pp.387-389.

桜井良治（1984）「旧都市計画法規における受益者負担金制度の問題点に関する考察」，『都市計画別冊昭和59年度学術研究論文集』第19号，pp.235-240。

Small, K. and C. Winston (1986) "Welfare Effects of Marginal Cost Taxation of Motor Freight Transportation," in *Studies in State and Local Public Finance*, edited by H. S. Rosen, University of Chicago Press.

Small, K., C. Winston and C. Evans (1989) *Road Work: A New Highway Pricing and Investment Policy*, Brookings Institute.

Stockholm (2006) *Facts and Results from the Stockholm Trial.*

須田昌弥・依田高典（2004）「民営化後のJR6社の密度・範囲の経済性ならびに地域

間費用格差」,『運輸政策研究』第 7 巻第 1 号,pp.34-42。

杉山武彦（1997）「社会資本整備の展望—費用負担と財源の視点から」,『都市計画』第210号,pp.11-14。

杉山武彦・今橋隆（1989）「道路」,奥野正寛・篠原総一・金本良嗣『交通政策の経済学』日本経済新聞社,pp.207-224。

Swiss Federal Department of the Environment, Transport, Energy and Communications (2004), *Fair and efficient, the distance-related Heavy Vehicle Fee (HVF) in Switzerland.*

武田文夫（1989a）『交通の経営と計画』白桃書房。

武田文夫（1989b）「道路の費用負担・価格付けと民間化」,『一橋論叢』第102巻第 5 号,pp.681-700。

武田文夫（1990）「第 4 部 道路交通政策,第 1 章 道路整備政策」,運輸経済研究センター『戦後日本の交通政策—経済成長の歩みとともに』白桃書房。

田邉勝巳（2003）「公的補助金が規制企業に与える影響の実証分析」,『交通学研究』2002年研究年報,pp.111-120。

田中啓一（1979）『受益者負担論』東洋経済新報社。

Teja, R. S. and B. Bracewell-Milnes (1991) *The Case for Earmarked Taxes: Government Spending and Public Choice*, London: Institute of Economic Affairs.

U.S. Department of Transportation (1997) *1997 Federal Highway Cost Allocation Study Final Report.*

U.S. Department of Transportation (1959-1998) *Highway Statistics.*

U.S. Department of Transportation, Federal Highway Administration (2007) *Distribution of Revenue Aligned Budget Authority Fund For Fiscal Year (FY) 2007.*

牛嶋正（2000）『目的税』東洋経済新報社。

浦上拓也（2003）「公営バス事業における乗合・貸切バス事業間の範囲の経済性の検証」,『交通学研究』2002年研究年報,pp.131-140。

運輸経済研究センター（1985）『内部補助の現状と限界に関する研究報告書』

Verhoef, E. T., A. Koh and S. Shepherd (2008) "Pricing, Capacity and Long-Run Cost Functions for First-best and Second-best Network Problems", *3rd International Conference on Funding Transport Infrastructure*, Paris.

山内弘隆（1987）「道路の車種間費用負担について—高速道路料金へのラムゼー価格の適用—」,『高速道路と自動車』第30巻第 9 号,pp.24-32。

山内弘隆・竹内健蔵（2002）『交通経済学』有斐閣アルマ。

全国道路利用者会議（2006）『道路ポケットブック』。

おわりに：対距離課金による幹線道路の計画論

本書では対距離課金による幹線道路の新しい計画論を提案した。ここで幹線道路とは高速道路，国道，主要地方道以上の都道府県道をさす。それら幹線道路の延長は12万キロメートル。道路総延長120万キロメートルの約1割に相当する。なお，幹線道路の中でも，4車線以上の幹線道路やアクセスコントロールされた道路（規格の高い幹線道路）の延長は2万3千キロメートル余り（幅員13メートル以上の道路延長）と推定されるが，一般の幹線道路と計画論が異なるので注意が必要である。

まず，前者の規格の高い幹線道路については，道路ごとに計測された短期社会的限界費用に基づく対距離課金によって，短期的に交通需要を適切に管理し，かつその収入の当該道路への投資によって長期的に交通需要にあった容量水準が実現できることを示した。たとえば交通需要が道路容量より大きければ混雑が生じる。道路利用者は混雑の程度に応じて決まる対距離課金の支払いを避けるため，時間帯を変えたり，交通手段を変えるかもしれない。また，対距離課金収入により当該幹線道路の拡幅も可能となる。

地域によっては人口減少により交通需要が容量を下回る幹線道路も出現するであろう。この場合は維持管理費程度の低額の対距離課金が交通需要を喚起することになる。しかし総課金収入は道路管理者の維持管理，更新費用の全額をまかなえないため，道路の更新時期に合わせ道路容量を縮減する必要が生じる。具体的には規格の高い幹線道路から，一般の幹線道路への格下げなどが考えられる。規格の高い道路は1キロメートル当たりの維持管理，更新費用は高いが，処理できる交通量が多いので台キロメートル当たりの平均費用を安くできる。しかし，交通量が少なければ維持管理水準を落とさざるをえない。長期的には容量も縮減すべきであろう。高度成長時代に多車線化した幹線道路は，更新に合わせて車線数を減らし，歩道，自転車道，緑地帯を整備することが出来るかもしれない。それらの空間の維持管理，更新の費用は道路利用者が必ずしも負

担する必要はない。

わが国は戦後に規格の高い幹線道路の計画を作り，着実に整備を進めてきた。高速道路など一部整備の終わっていないところも残っているが，おおむね20年以内には整備が終わるであろう。しかし，将来的に人口半減も視野に入ってきている中で，今求められている計画論は交通需要の減少にあわせ，道路容量をうまく縮減していく計画論である。その際，重要となる指標は網密度基準，アクセス基準ではなく，道路利用者の支払い意思額および道路の長期社会的限界費用であろう。

一般の幹線道路，すなわち混雑が想定されていない地方部の2車線の幹線道路などでは，まったく別の計画論が必要である。交通量が少ないため当該道路利用者の負担だけでは維持管理，更新ができない。このような道路で短期社会的限界費用によって負担を求めたら資金不足に陥る。将来にわたって当該道路を維持管理，更新していくためには，たとえばある地域単位（本書ではこの単位のことを「費用負担プール」と呼んだ）が，その道路を幹線道路ネットワークの一部として認定することが必要である。その上で，その地域の道路利用者で費用負担する仕組みを導入することになる。総費用を回収しなければならないため，短期平均費用に基づく対距離課金となる（地域ごとの対距離課金水準は，例えば総費用を地域の総走行台キロで除した値）。しかし，ここで地域単位をどのように形成するか，が問題となる。

本書はこの地域単位に関し十分な検討を行ったとはいえない。ただし，人の生活行動の範囲が広くなり，物流拠点の集約化などによりモノの配送範囲が広がる中で，より広域で交通行動を捉え交通計画を策定する必要性が高まっている。このような状況の中で，県単位で「交通量は少ないが地域にとって必要な道路」に関する認識を共有するのは難しくなっているのではないだろうか。かといって，一般の幹線道路に関して全国一律の網密度基準，アクセス基準を作る必要もないと思われる。根拠があるわけではないが，例えば道州単位で一般の幹線道路のあり方を合意し，道州単位で幹線道路を利用することによって得られる受益と負担を一致させることはできないだろうか。結果的に，道州ごとに平均費用に基づく対距離課金額は異なることになるが，これは納税者意識を高め，道路利用者に「真に必要な一般の幹線道路とは何か」を考えさせるきっ

かけとなるであろう。費用負担プールの設定の仕方に関しても議論は深められるはずである。

費用負担プールの大きさを決めた後で，地域内のさまざまな道路利用者間でどのように負担していくか，が次の問題となる。本書では，特に車種に着目したが，トラックに関しては環境外部不経済の原因となっているため，短期限界費用価格形成の結果として課金額が高くなり，需要の価格弾力性が低いためラムゼイ価格形成の結果としても課金額が高くなった。道路整備について，新設から維持管理が重要となっている中で，道路損傷の主たる原因者であるトラックの負担が増えるのは避けられないかもしれない。しかしながら，トラックへの負担増は世界的な潮流となっている。わが国では，従来，軽油引取税をガソリン税より相対的に低くするなどトラックを優遇してきており，その意味で大きな方針転換となる。トラックの負担増，運賃値上げによる荷主への転嫁，および消費者による最終的負担に対する社会的な合意を形成していく必要がある。外部不経済の内部化により，環境に優しい社会に転換していかなければならない。

アメリカ議会が設置した国家陸上交通政策委員会（National Surface Transportation Policy and Revenue Study Commission）が，2008年に最終報告書を提出した[1]。その中で，2025年までに現在の燃料税に代わる財源調達手段として，車両重量，排出性能，道路混雑などに対応して負担水準を変えられる対距離課金が有望であると結論づけた。欧州，アメリカに先んじて，わが国が対距離課金による幹線道路の計画論を確立したいものである。

---

1)　http://www.transportationfortomorrow.org/

索　引

アルファベット

DSRC 方式　119
ETC　12, 50
GPS　10, 50
GSM　136
HCAS　65
HOT レーン　133
IPCC　194
ISTEA　168
SAFETEA-LU　168
STAA　168
STURAA　168
TEA-21　168

ア　行

アクセス機能　160
維持管理費　5, 66
維持更新費用　207
一般化費用　22
一般国道　21
一般財源　6, 14, 28
一般道路事業　3
一方通行規制　22
インターモーダル財源プール　18, 20
インターモーダル輸送　20, 137
インフラ課金額　139
インフラ費用　13, 149
ヴィニエット　107
越境鉄道　20
応益原則　7
応能原則　7
大型車対距離課金制度　105
大きな政府　32
汚染者負担　139

オフピーク　12

カ　行

会計学的費用　58
概算要求基準　29
開発用地
　　——の時価分譲　46
　　——の簿価分譲　46
開発利益　37
　　——の公共還元　37
　　——の負担　37
回避可能費用　58
外部性　32
外部費用　14
外部不経済　21, 46
　　——の内部化　46
価格代替機能　28, 154
価格弾力性　8
課金システム　10
課金水準　14
課金方法　14
課税原則　7
課税都合税　48
課税標準　41
可変費用　13
環境外部不経済　6
環境費用　12, 13
環境負荷　12
環境ロード・プライシング　6
間接的受益者　43, 49
感度分析　194
機会費用　15, 58, 65
気候変動費用　210
擬似的な市場　13, 28

犠牲説　40
揮発油税　28
規模
　——に関し収穫一定　16
　——の経済　15
　——の不経済　16
旧道路法　36
旧都市計画法　36
給油目的の交通行動　10
旧利益説　39
狭域通信　10
共通費　58
均衡交通量　190
空間機能　160
経済安定化機能　38
軽油引取税　6
限界費用　13, 58
限界費用価格形成　18
限界費用曲線　18
建設費用　15
郊外部幹線道路　23
公共財
　——の観点　28
　——の私的財化　50
　——の性格　27
公共負担　37, 43
公共部門　27
公債　38
更新費　11
交通外部不経済内部化調査（IMPACTプロジェ
　クト）　134
交通需要管理（マネジメント）　12, 26
交通需要管理モデル　187
交通発生密度　23
交通ルートの誘導　12
高度道路情報システム（ITS）　22, 50
公平性　7, 27
効率性　27
港湾法　36
国土係数（理論）　22, 97
コスト・アロケーション・スタディ　45

固定費用　13
固定料金制度　105
混雑課金　18, 20
混雑課金パイロット事業　121
混雑緩和　12
混雑費用　210

サ 行

財源調達　34
財源調達基準　44
財政投融資　38
財政の硬直化　29
最低配分保証措置　89
最適課金水準　3
最適道路容量　25
最適内部補助率　181
暫定税率の廃止　7
死荷重　181
時間価値　15, 190
時間費用　14
事業評価　51
　——の義務付け　27
資源配分機能　38
事故費用　21, 210
市場の失敗　27
自然独占　32
私的限界費用　194
私的財　32
私的費用　58
自動車関係諸税　63
自動車取得税　14
自動車分担率　8
自動車モデル　160
自動料金収受システム（ETC）　50
支払い意思　13
社会実験　187
社会的限界費用関数　194
社会的受容性　38
社会的純便益　158
社会的費用　6, 58
社会的余剰　28

車種間費用配賦　66
車線数減　25
車両費　14
収支制約条件　170
自由流　23
受益者の特定化　49
受益者負担　3, 37, 43, 48
　——の徹底　153
受益と負担の一致　8
受益の量的測定　51
取得・保有段階課税　47
需要密度　90
準公共財　27
純粋公共財　27
償還原則　187
償還性　47
消費者余剰　158
消費の非競合性(共同消費性)　32
消費の非排除性(排除不可能性)　32
情報通信技術(ICT)　50
　——の発展　10
情報通信システム　12
情報の不確実性と非対称性　32
初期建設費用　16, 66
所得再分配機能　38, 52
所得弾力性　177
シーリング　7
新規投資費用　207
新直轄方式　5
新利益説　39
垂直的公平性　39
水平的公平性　39
ストック・マネジメント　18
税額弾力性　177
静学モデル　160
税財源　4
税負担能力　6
説明責任　31
全国課金制度　105
全地球測位システム(GPS)　50
走行段階課税　45

増分費用法　65
租税の根拠　39
租税の配分原則　39
租税理論　28
損傷(原因者)負担　35, 65
損傷度　35

タ　行
対距離課金　3, 47
対距離課金パイロット事業　106
第三構造税　45
耐用年数　5, 11
ただ乗り問題　27
単位距離料金　12
短期限界費用説　18
短期社会的限界費用説　18, 20
短期社会的平均費用説　18, 20
短期費用　58
短期平均費用説　18
単年度主義　167
地域間所得分配　52
地域配分　52, 89
小さな政府　32
地方自治法　36
地方分権　101
長期社会的限界費用曲線　20
長期社会的限界費用説　18
長期費用　43, 58
長期費用曲線　20
長期平均費用　16
長距離逓減割引　6
直接的受益者　43, 49
適正負担　69
デマンド・マネジメント　18
電子的道路課金システム(ERP)　51
動学モデル　160
投資需要モデル　90, 102
道路インフラ水準　14
道路インフラ費用　15
道路課金　14
道路管理者　13

道路交通センサス　81
道路信託基金　89
道路整備費用　45
道路損傷　19
道路損傷課金　18
道路損傷費用　6
道路投資単価　90
道路特定財源制度　3
道路費用　13
道路費用関数　13
道路法　36
道路網密度論　11, 153
道路容量　15
道路容量最適化モデル　188
道路容量マネジメント　26
道路利用便益　45
特別会計　31
特別負担金　36
都市間幹線道路　22
都市間道路　15
都市内幹線道路　23
都市内道路　16
土地改良法　36
土地基本法　36
土地区画整理法　36
トラフィック機能　159
トレードオフ問題　166

ナ　行

内部費用　13
内部補助　156
内部補助率　156
ナショナルミニマム　11
抜け道　21
燃料需要　160
燃料税　3, 4, 45
能力説　39

ハ　行

排出権取引市場　194
排出量係数　195

バイパス　21
配分保証制度　10
バリュープライシング　106
パレート最適　34
阪神高速道路　6
反対給付　36
ハンプの設置　22
非金銭的損失　197
ピグー税　46
被補助プール　183
費用構造　59
費用責任額　42
費用対効果　4
費用と負担の一致　153
費用配賦基準　66
費用負担　37, 43
費用負担プール　150, 155
費用便益比　51
費用便益分析　5
付加価値税　6
平均燃料消費量　151
平均費用　13, 58
平均費用価格形成　18
平均費用曲線　16, 18
補助金　5
補助プール　183
ボトルネック箇所　12
本州四国連絡橋　5

マ　行

埋没費用　23
網密度　23, 25
モーリング課金　18

ヤ　行

夜間割引　6
有利子負債の軽減　5
有料道路制度　3, 105
有料道路料金　10, 14
余剰問題　9

ラ 行

ライフサイクルコスト 30
ラグランジュ関数 158
ラムゼイ価格 19
ラムゼイプライシング 18
料金抵抗 5
利用者負担 37, 43

利用者負担金 136
旅行時間 16
旅行速度関数 210
レクレーション道路 92
連邦道路税 10
労働時間価値 15
ロード・プライシング 10

234

執筆者紹介

根本　敏則（ねもと　としのり）：一橋大学大学院商学研究科教授
1982年　東京工業大学大学院社会工学専攻博士課程修了。工学博士。
専門分野：公共システム論，ロジスティクス・マネジメント，交通経済学。
主要著書："Efficient and Sustainable Intermodal Logistics Network in the Asia-Pacific Region"（共著，Institute of Highway Economics，2007）
　　　　　『シティロジスティクス』（共著，森北出版，2001）
　　　　　『アジアの国際分業とロジスティクス』（共著，勁草書房，1998）など

味水　佑毅（みすい　ゆうき）：高崎経済大学地域政策学部専任講師
2005年　一橋大学大学院商学研究科博士後期課程修了。博士（商学）。
専門分野：交通経済学，観光政策論，ロジスティクス。
主要著書：『ロジスティクス概論』（共著，実教出版，2007）
　　　　　"Recent Advances in City Logistics"（共著，Elsevier，2006）
主要論文：「社会的費用を考慮した道路別対距離課金制度による道路網の整備」（共著，『交通学研究』，2007）
　　　　　「観光統計の整備における「活用の視点」の重要性」（『国際交通安全学会誌』，2006）

今西　芳一（いまにし　よしかず）：株式会社公共計画研究所代表取締役所長
東京大学大学院工学系研究科土木工学専門課程修了。工学修士。
専門分野：交通計画，環境計画，地域計画。
主要著書：『都市の物流マネジメント』（共著，勁草書房，2006）
　　　　　『交通まちづくり』（共著，丸善，2006）
　　　　　『現代の新都市物流』（共著，森北出版，2005）
　　　　　『成功するパークアンドライド　失敗するパークアンドライド』（共著，丸善，2002）
　　　　　『渋滞緩和の知恵袋』（共著，丸善，1999）

梶原　啓（かじわら　あきら）：株式会社公共計画研究所副主任研究員
東京大学公共政策大学院修了。公共政策学修士（専門職）。
専門分野：交通政策論，交通経済学。
主要論文：「社会的費用を考慮した道路別対距離課金制度による道路網の整備」（共著，『交通学研究』，2007）
　　　　　「限界費用課金による最適道路容量の実現」（共著，『高速道路と自動車』，2007）

執筆分担

第 1 章　根本
第 2 章　味水・根本
第 3 章　味水
第 4 章　味水
第 5 章　根本・今西
第 6 章　梶原・今西・根本
第 7 章　根本・梶原
第 8 章　味水
第 9 章　味水
第10章　梶原・今西・根本
第11章　根本・味水・今西・梶原

日本交通政策研究会研究双書24

対距離課金による道路整備

2008年10月25日　第1版第1刷発行

編著者　根本 敏則
　　　　味水 佑毅

発行者　井村 寿人

発行所　株式会社　勁草書房
112-0005 東京都文京区水道2-1-1　振替 00150-2-175253
（編集）電話 03-3815-5277／FAX 03-3814-6968
（営業）電話 03-3814-6861／FAX 03-3814-6854
堀内印刷所・牧製本

©NEMOTO Toshinori, MISUI Yuki　2008

ISBN978-4-326-54814-9　Printed in Japan

JCLS ＜㈳日本著作出版権管理システム委託出版物＞
本書の無断複写は著作権法上での例外を除き禁じられています。
複写される場合は、そのつど事前に㈳日本著作出版権管理システム
（電話03-3817-5670、FAX03-3815-8199）の許諾を得てください。

＊落丁本・乱丁本はお取替いたします。
http://www.keisoshobo.co.jp

対距離課金による道路整備

2015年1月20日 オンデマンド版発行

編著者 　根 本 敏 則
　　　　 味 水 佑 毅

発行者 　井 村 寿 人

発行所 　株式会社 　勁 草 書 房

112-0005 東京都文京区水道 2-1-1　振替　00150-2-175253
　　(編集) 電話 03-3815-5277／FAX 03-3814-6968
　　(営業) 電話 03-3814-6861／FAX 03-3814-6854
印刷・製本　(株)デジタルパブリッシングサービス http://www.d-pub.co.jp

Ⓒ NEMOTO Toshinori, MISUI Yuki 2008　　　　　　　　　　AI953

ISBN978-4-326-98196-0　Printed in Japan

JCOPY 〈(社)出版者著作権管理機構 委託出版物〉

本書の無断複写は著作権法上での例外を除き禁じられています。
複写される場合は、そのつど事前に、(社)出版者著作権管理機構
(電話 03-3513-6969、FAX 03-3513-6979、e-mail: info@jcopy.or.jp)
の許諾を得てください。

※落丁本・乱丁本はお取替いたします。
　　　　　http://www.keisoshobo.co.jp